Siegfried Silberstein

Über den Ursprung der im Codex alexandrinus und vaticanus...

Siegfried Silberstein

Über den Ursprung der im Codex alexandrinus und vaticanus...

ISBN/EAN: 9783743488915

Hergestellt in Europa, USA, Kanada, Australien, Japan

Cover: Foto ©Lupo / pixelio.de

Manufactured and distributed by brebook publishing software (www.brebook.com)

Siegfried Silberstein

Über den Ursprung der im Codex alexandrinus und vaticanus...

Alle Rechte vorbehalten.

Seinen teuren Eltern,

sowie seinem hochverehrten Lehrer und Gönner

Herrn Dr. F. Rosenthal,

Gemeinde-Rabbiner in Breslau,

in treuer Liebe und Dankbarkeit gewidmet

vom Verfasser.

Vorwort.

Des grossen Septuginta-Forschers Paul de Lagarde, der am 22. December 1891 zu früh der Wissenschaft durch den Tod entrissen wurde, letzte Arbeiten (Septuaginta-Studien) sind 1892 im Separatabdruck erschienen. Der erste Teil derselben (I. das Buch der Richter in zwei Recensionen. II. Die Chronologie des Clemens von Alexandrien) war bereits im siebenunddreifsigten Bande der Abhandlungen der Königl. Gesellschaft der Wissenschaften zu Göttingen veröffentlicht worden, während der zweite Teil (III. Die Chronologie der lateinischen Kirche Afrikas. IV. Eine neue Recension der Septuaginta) dem noch zu erwartenden achtunddreifsigsten Bande einverleibt werden soll. Was als Nr. V »Ezdrana« (Bd. 37) angekündigt ist, wird, wie Alfred Rahlfs uns mitteilt, nicht erscheinen. Gleich den früheren Arbeiten de Lagarde's nötigen uns auch diese letzten, welche bereits die Todesahnung in der Seele des Verfassers durchschimmern lassen, durch die Fülle der Gelehrsamkeit, den erstaunlichen Fleifs und die musterhafte Gründlichkeit unsere höchste Bewunderung ab und lassen uns erkennen, welch' bedeutende Aufschlüsse wir noch zu erwarten hatten über so manchen dunklen Punkt der Septuaginta-Forschung. Dafs wir z. B. nicht mehr zu hören bekommen, was de Lagarde über das Verhältnis von A. zu Lucian (conf. Teil I, pag. 72) zu sagen hatte, bleibt höchst bedauerlich. — Für die vorliegende Arbeit, die beim Erscheinen der Septuaginta-Studien fast vollständig fertiggestellt war, ist Nr. I von besonderem Interesse, worin de Lagarde E. Grabe's Ansichten über das Buch der Richter aus dem Jahre 1705 in ihre Rechte einsetzend nach genauer Untersuchung der ersten fünf Kapitel pag. 71/72 folgende zwei besonders hervorzuhebende Thesen aufstellt:

»1. Die im Codex A., einem mit der ausgesuchtesten Lüderlichkeit (angeblich von einer Thekla) geschriebenen opus operatum, stehende Uebersetzung des Buches der Richter stimmt im Grossen und Ganzen sowohl mit dem Texte des Origenes als mit dem Texte des lateinisch redenden Westens.«

»2. Codex B. liefert nicht Varianten zu A., sondern enthält, wie die schwierigen Stellen zeigen, eine andere Uebersetzung des Buchs der Richter . . . . . . «Es sind dies Thesen, die wir, wie unsere Arbeit darthut, auch für III Regum stellen können. Dafs wir unabhängig von de Lagarde, eines jener Bücher bearbeitet haben, die er zu bearbeiten sicher im Sinne hatte, wie wir aus seinen Worten pag. 3 »ich will diejenigen Bücher der Septuaginta bearbeiten, in denen der Text der Handschrift A. von dem der Handschrift B. besonders verschieden ist» erschliefsen können, gereicht uns zur Freude. Die Prolegomena lehren, dafs uns bei der Wahl von III Regum dieselben Gesichtspunkte (Verschiedenheit zwischen A. und B.) leiteten. Im Anschlufs an III Regum wird es erforderlich sein, auch IV Regum zu behandeln, dessen Untersuchung, wie ein kurzer Einblick lehrt, wohl zu ähnlichen

Resultaten führen dürfte; für I und II Regum besitzen wir leider keine Syro-Hexaplaris [1]).

Die Programmarbeit von J. Hooykaas [2]): Jets over de Grieksche vertaling van het oude Testament, Rotterdam 1888/89 Progr. van het Erasmiaansch Gymn., die, wie auf den ersten Blick ersichtlich ist, von grofser Literaturkenntnis zeugt, behandelt andere Fragen (z. B. Lucian, Vetus Latina), als die vorliegende und wird daher erst bei der für später geplanten Fortsetzung der letzteren eingehender berücksichtigt werden.

Inhaltsübersicht.

A. Prolegomena.
1. Aufgabe.
2. Ausgaben.
3. Syro-Hexaplaris (als kritisches Hülfsmittel).
4. Anordnung.

B. Darstellung des Verhältnisses des Alexandrinus und Vaticanus zur hexaplarischen Recension (Syro-Hex.)
  I. Die mit hexaplarischen Zeichen versehene Textgestalt.
    a) Obelen.
    b) Asterisken.
  II. Die von hexaplarischen Zeichen freie Textgestalt.
    a) Aeufsere Textgestalt (d. h. Zusätze, Aufeinanderfolge von Kapiteln und Versen . . .).
    b) Der übrige Text mit Ausschlufs der Eigennamen.

---

[1]) Hier dürfte daher aufser dem Peculium Syrorum des Andreas Masius der «Jaunôjô» des Barhebraeus die einzige Quelle für die Syro-Hexaplaris sein.

[2]) Die schwer zu erlangende Schrift wurde mir zunächst durch Herrn Professor Dr. E. Nestle und später durch die Güte des Verfassers zugänglich gemacht.

c) Die Eigennamen.
d) Ergebnis.

Anhang.

Abkürzungen.

G. = Septuaginta (LXX) ⎫
A. = Alexandrinus ⎪
B. = Vaticanus ⎬ conf. Lagarde in G. G. A.
S. = Sinaiticus ⎪ v. 1. Juni 1866, Nr. 11
M. = Masoretischer Text[1]) ⎪ pag. 438.
P. = Peschittha ⎪
p. = Syro-Hexaplaris ⎭

p.L = Lagarde's Ausgabe von p.
Sw. = Swete's Ausgabe von G. (B.)
Ax. = Appendix in Sw. Bd. I. pag. 825/6.
Add (N). = Addenda v. Nestle in Sw. Bd. II. pag. 879.
G. G. A. = Göttinger gelehrte Anzeigen.
G. G. N. =   „   „   Nachrichten.
L. C. Bl. = Literarisches Centralblatt.
Th. L. Z. = Theologische Literaturzeitung.
Th. L. Bl. = Theologisches Literaturblatt.
pag. = pagina.
∧, om = fehlt.
conf. = confer.
praem. = praemittit.

---

[1]) In den Septuaginta-Studien (pag. 13) ersetzt Lagarde M. durch H.

Prolegomena.

Ein auch nur flüchtiger Blick in eine unserer Handausgaben der alexandrinischen Bibelübersetzung, welche den Text des Vaticanus in mehr oder minder reiner Gestalt mit den Varianten des Alexandrinus uns darbieten, läfst uns im dritten Königsbuche zwei ganz auffallend abweichende Textgestalten unserer beiden wichtigsten und angesehensten Umialcodices aus dem vierten und fünften Jahrhundert erkennen. Ein ganz anderes Gebiet, eine gewissermassen fremde Gegend glauben wir zu betreten, wenn wir vom Vaticanus zum Alexandrinus übergehen. Abgesehen von innergriechischen Verschiedenheiten, von Varianten dialektischer und grammatikalischer Art, von Schreibfehlern und Versehen, von Abweichungen in der Schreibung, von allen Differenzen, welche auf Kosten des Schreibers zu setzen sind, dessen eigenem Ermessen gar viel anheimgestellt war, hebt die Textgestalt des Alexandrinus von der des Vaticanus ein enger Anschlufs an den hebräischen Text ab. Weicht B. in seinem Texte gar oft bezüglich der Wortstellung von dem hebräischen Texte ab, zeigt er eine freiere, oft völlig abweichende Wiedergabe der hebräischen Eigennamen, so bemerken wir in A. zumeist völlige Uebereinstimmung mit dem Hebräer. Auslassungen einzelner Worte, halber und ganzer Sätze und mehrerer Satzreihen, wie deren gar viele in B. zu verzeichnen sind, haben wir in A. nicht zu konstatieren, während in B. sich findende längere Zusätze mit einer Ausnahme in A. nicht anzutreffen sind. Weist B. eine oft vom masoretischen Text gänzlich verschiedene Aufeinanderfolge einzelner Kapitel und häufig Versetzungen halber und ganzer Sätze und mehrerer Satzreihen auf, so schliefst sich auch hierin A. vollständig an die Masora an. Wie ist nun die Verschiedenheit der beiden Textgestalten, welche A. und B. in III Regum darbieten, zu beurteilen und zu erklären, worauf ist sie zurückzuführen?

Von blinder Vorliebe für den Codex Alexandrinus geleitet, dessen Vorzüglichkeit er stets nachzuweisen ernstlich bemüht war, hat E. Grabe in den Vorreden zu seiner Ausgabe «Septuaginta interpretum ex antiquissimio manuscripto codice Alexandrino (Oxford 1707—20)» den engen Anschluſs desselben an den Hebräer zu Gunsten von A. gedeutet und seinen Text aus diesem Grunde zumeist für alle Bücher als den ursprünglicheren gegenüber dem von B. gehalten. Doch bereits Lambertus Bos, Joh. Morinus und Brianus Walton sprechen sich gegen diese Ansicht aus, und vornehmlich polemisiert gegen sie Thiersch in seiner Dissertationsschrift «Prolegomena ad Pentateuchi versionem alexandrinam critice pertractandam (Erlangen 1839)» pag. 4. Letzterer gesteht es, zwar anfangs der Ansicht Grabe's gehuldigt zu haben, doch nachdem er durch einen Einblick in Montfaucon's Vorrede zu seinem Werke «Hexaplorum Origenis quae supersunt (Paris 1713)» die Natur und das Wesen der Arbeiten des Origenes kennen gelernt und von der durch den Einfluſs des «Adamantius» herrührenden Textverderbnis sich überzeugt hätte, habe er seine Ansicht über den Text in A. dahin geändert, daſs er in der Uebereinstimmung desselben mit der Masora nicht einen Beweis für seine Ursprünglichkeit und Güte, sondern für das Gegenteil sah. Als Prüfstein für die Kritik der Vorzüglichkeit bezw. des Alters der Textgestalt irgend einer Handschrift gab er daher die Regel: quo alienior sit lectio a Masoretica, quo immunior sermo ab Hebraismis, quo liberior versio et dissimilior eius facies textui originali, eo sinceriorem esse et prisco τῶν ο stylo propinquiorem (a. a. O. pag. 17). Die Richtigkeit dieser Grundsätze, die ja auch sonst für die Textkritik stets gelten, gegenüber der Beschränktheit des Grabe'schen Standpunktes wird einerseits niemand bezweifeln, sowie andererseits die Notwendigkeit und Unerläſslichkeit ihrer steten Beachtung und Befolgung für die Septuaginta-Kritik jedem einleuchtend sein wird. Gab nämlich das materielle Abweichen der LXX von «der hebräischen Wahrheit» den hauptsächlichen Anlaſs zu den jüngeren Versionen und zur Korrektur der Septuaginta nach denselben, so folgt aus dieser Thatsache gerade, daſs, wenn der griechische Text auf eine vom masoretischen Texte differierende Vorlage zurückgeht, darin die Bürgschaft der «Septuagintamäſsigkeit» liegt (conf. Bleek-Wellhausen, Einleitung in das Alte Testament, Auflage V, Berlin 1886, pag 552/3). So hat denn auch Paul de Lagarde als zweites und drittes Axiom für die Bearbeitung bezw. die Kritik der LXX in der Vorrede zu seinem trefflichen Werke «Anmerkungen zur griechischen Uebersetzung der Proverbien (Leipzig 1863)» pag. 3 die Sätze aufgestellt: «Wenn ein Vers oder Versteil in einer freieren und in einer sklavisch treuen Uebertragung vorliegt, gilt die erstere als die echte.» — «Wenn sich zwei Lesarten neben einander finden, von denen die eine den masoretischen Text ausdrückt, die andere nur aus einer von ihm abweichenden Urschrift erklärt werden kann, so ist die letztere für ursprünglich zu halten.» Die Beachtung dieser Grundsätze schlieſst in III Regum unbedingt jeden Zweifel an der Güte und Vorzüglichkeit bezw. an der Echtheit und Ursprünglichkeit des Cod. Vaticanus im Gegensatz zum Cod. Alexandrinus aus (ersterem, wie er ihm in der Edito Sixtina vorgelegen, hatte auch Thiersch [a. a. O.] den Vorzug gegeben). Mit vollem Recht hat daher Thenius in seinem Kommentar zu den Königsbüchern (Aufl. II, Leipzig 1873, pag. XXX) A. als kritisches Mittel für die Beurteilung des hebräischen Textes ausgeschlossen. Doch vermissen wir bei ihm für sein Verfahren genügende und durchschlagende Beweisgründe. Denn nicht kann und darf uns seine flüchtig hingeworfene Vermutung, A. sei nach dem hebräischen Texte überarbeitet worden, genügen für die Erklärung seiner abweichenden, eng an den Hebräer sich anschlieſsenden

Textgestalt, um daraufhin einen so angesehenen und durch sein Alter wichtigen Uncialcodex als unbrauchbar zu bezeichnen und ihn ohne weiteres zu ignorieren. Die Zahl seiner Varianten ist ja so grofs, seine ganze Textgestalt so auffällig verschieden von der in B., dafs wir eine andere Uebersetzung oder mindestens eine ganz andere Recension vor uns zu haben glauben. Welchen Weg haben wir nun einzuschlagen, um eine genügende Erklärung zu finden, für die Verschiedenheit der Textgestalt in A. von der in B. bezw. für ihre enge Verwandtschaft mit der masoretischen? Da sämtliche Handschriften, die wir besitzen, jünger sind als des Origenes textkritische Arbeiten, so müssen wir zuvörderst dessen Hexapla, soweit sie uns zugänglich ist, befragen. Hatte doch Origenes bei der Abfassung seines Riesenwerkes das Endziel im Auge, die Diskrepanz der Septuaginta vom masoretischen Texte zu beseitigen durch Korrektur nach dem hebräischen Original in der zu seiner Zeit bei den Juden kanonisch gewordenen Gestalt und nach den daraus geflossenen Versionen (Bleek-Wellhausen a. a. O. pag. 544/6). Hierzu kommt noch, dafs ja bekanntlich bereits kurze Zeit nach ihrem Entstehen der Einflufs der Hexapla besonders durch die zahlreichen, unter dem Vorsitz des Eusebius und Pamphilus zu Cäsarea verfertigten Abschriften der fünften Kolumne, die ja G. in der von Origenes zurechtgestutzten Gestalt enthielt, ein ganz hervorragender war. Klagt doch bereits Hieronymus, es existiere zu seiner Zeit keine Handschrift, die nicht hexaplarisch inficiert sei. Wer kennt nicht seine Worte: «Vis amator esse verus Septuaginta interpretum? Non legas ea, quae sub asteriscis sunt, imo rade de voluminibus, ut veterum te fautorem probes. Quod si feceris, omnes ecclesiarum bibliothecas damnare cogeris: vix enim unus aut alter invenitur liber, qui ista non habeat?» Dafs vornehmlich A. hexaplarischen Einflüssen ausgesetzt gewesen, hat bereits Montfaucon, der nach Vorgängern, wie Morinus und Drusius zuerst es unternahm, in umfangreicherem Maſse die Hexapla wiederherzustellen, bemerkt und in dieser Beziehung besonders auf das Buch der Richter verwiesen. In den Präliminarien zu seiner Hexapla finden sich pag. 43 die Worte: «Ex editione illa Hexaplari multa in hodiernas editiones transmissa deprehenduntur. Nec loquor tantum de Alexandrino codice, qui editionem illam Hexaplarem pene sequitur, ut videre est praesertim in libro Judicum.» Allerdings hatte ja schon früher Grabe in seiner Epistola ad Joannem Millium Oxford 1705 die Textgestalt des Alexandrinus im Buche der Richter als der Recension des Origenes verwandt und angehörig zu erweisen gesucht. So sagt er pag. 4 seiner Schrift: «Libri Judicum versionem τῶν O, quam Origenes in Hexaplis exhibuit . . . . . codice alexandrino contineri deprehendi; . . . . . . weiter magna capitis IX, X, XVI, XVII et ceterorum usque ad finem parte hexaplarem insuper Origenis editionem, cuius reliquias in colbertinis et Isaaci Vossii membranis mss. antiquissimis conservatas habemus, laudato alexandrino codici consonam esse ostendam.» Vielleicht gelingt es uns, nun auch die enge Verwandtschaft, welche sichtlich zwischen A. und M. in III Regum besteht, in der Weise zu erklären, daſs wir sie durch den Nachweis der Abhängigkeit der Textgestalt in A. von der Hexapla auf den Einfluſs des Origenes zurückzuführen vermögen. Stehen uns doch heutzutage ganz andere Hilfsmittel zu Gebote als Grabe einst und Montfaucon.

Wie richtig bereits trotz des geringen vorhandenen Beweismaterials ihre Ansicht gewesen, erkennen wir besonders aus den nach zehnjähriger, mühevoller und bewundernswerter gründlicher Arbeit veröffentlichten Fragmenten Fr. Field's (Origenis Hexaplorum quae supersunt Tomus I Oxonii 1875), deren Wert und Bedeutung wir nicht besser zu würdigen vermögen, als neuerdings Pitra («Analecta sacra spicilegio solesmensi parata. E typographeo veneto 1883» pag. 551) mit seinen anerkennenden, begeisterten Worten es gethan; «Monumentum exegit hisce diebus Fr. Fieldius, in summum decus Academiae Oxoniensis et Cantabrigiensis.» Wenn schon Field seinem Werke durch die Vergleichung neuer, noch nicht verwerteter Handschriften, durch gelehrte und gründliche Anmerkungen hervorragenden Wert verlieh, so lag sein gewaltiger Fortschritt gegenüber Montfaucon ganz besonders in der Benutzung der von Paulus v. Tella im Jahre 617/8 verfafsten Syro-Hexaplaris, soweit sie ihm zugänglich war..... «Notas variatissima eruditione ad cumulum oppletas subiecit, ubi quasi gemmae tum primum emicant scholia versionis Syro-Hexaplaris (Pitra a. a. O.).» Ist doch diese syrische Uebersetzung gewissermafsen ein Ersatz geworden für den verloren gegangenen griechisch-hexaplarischen Text. Eine Einsicht nun in die Anmerkungen Field's zu seinen Fragmenten für III Regum überzeugt uns von einer fast vollständigen Uebereinstimmung der von B. abweichenden Lesarten in A. mit den angeführten Lesarten der Syro-Hexaplaris und legt die Vermutung nahe, dafs in A. die Textgestalt der Septuagintacolumne der Hexapla bezw. eine der Abschriften des Eusebius und Pamphilus uns aufbewahrt sei. Da Field seinem Unternehmen gemäfs nur fragmentarisch die Lesarten der Syro-Hexaplaris anführt, so ist für unseren Zweck eine Vergleichung mit dem Text dieser syrischen Uebersetzung selbst, für dessen Herausgabe wir Lagarde zu grofsem Dank verpflichtet sind (Field hat p. in der Handschrift, welche Ceriani ihm zur Verfügung stellte, benutzen müssen. conf. s. Hexapla Monitum zu III Reg. pag. 591), geboten. Diese Vergleichung im einzelnen durchzuführen, um auf Grund derselben ein möglichst sicheres Ergebnis bezüglich des Verhältnisses, in welchem der Codex Alexandrinus zur hexaplarischen Recension steht, zu erzielen, betrachtet die folgende Arbeit vornehmlich als ihre Aufgabe.

Doch zuvörderst drängt sich uns gleichzeitig hiermit eine Frage auf, welche durch Lagarde und Cornill in Flufs gebracht, in letzter Zeit die Beachtung hervorragender Septuagintakenner gefunden, die Frage nach dem Verhältnis des Vaticanus zur hexaplarischen Recension. Lagarde hat die Verwandschaft des Codex B. zur Hexapla frühzeitig erkennend, pag. 3 s. Anmerkungen zur gr. Uebers. der Prov. sich geäufsert: «Man hat sich gewöhnt, B. als eine dem Urtext sehr nahe kommende Handschrift zu betrachten. Wenn aber B. nicht selten da nur einen Auszug aus den jüngeren Versionen giebt, wo A. neben diesen noch die aus inneren Gründen als die älteste anzuerkennende Uebersetzung hat, so kann dies doch nur erklärt werden, wenn man annimmt, der Schreiber von B. habe aus einem glossierten Manuskript die ursprüngliche Gestalt der LXX ausziehen wollen, habe sich aber mitunter versehen und das kopiert, was er hätte weglassen, das weggelassen, was er hätte kopieren sollen.» In den Prolegomena zu seinem Werke: «Das Buch des Propheten Ezechiel» (Leipzig 1886) hat C. H. Cornill pag. 80—95 die Verwandtschaft der Textgestalt des Ezechiel im Vaticanus mit der in den sogenannten hexaplarischen Handschriften, dem Marchalianus, dem Chisianus und der syrischen Hexapla nachgewiesen und sie in der Weise zu erklären versucht, dafs B. ein mit grofser Umsicht schon in sehr früher Zeit angefertigter Auszug aus der in Cäsarea aufbewahrten Hexapla des Origenes sei, welcher beabsichtigte, aus dieser Recension die ursprüngliche Gestalt der LXX herzustellen nach der Anweisung des Hieronymus: Vis amator esse . . . . conf. früher pag. 8.

Wie Nestle uns (in der Th. L. Z. 1884, Nr. 15 Sp. 357 und seinen Septuagintastudien Ulm 1886. Progr. d. kgl. Gymn. pag. 10 [19]) mitteilt, kam J. R. Harris (Note on the Sinaitic and Vatican codices in Johns Hopkins University Circulars III 29. 20 March-April 1884 conf.

Cornill, Ezechiel pag. 95) auch zu dem Resultate, daſs B. und S. gemeinsam aus der Bibliothek des Pamphilus in Cäsarea stammen.

Bei der Wichtigkeit und Bedeutsamkeit des Vaticanus, als der ältesten und kostbarsten Handschrift, die wir besitzen, (S. ist für III Regum nicht vorhanden) für die gesamte Bibelkritik, hat diese allerdings von Cornill selbst mit der gröſsten Zurückhaltung und nur für Ezechiel aufgestellte Hypothese vielfach Beachtung und Interesse gefunden. Während gelegentlich der Besprechung des Cornill'schen Werkes Nestle (Th. L. Z. 15. Mai 1886 Nr. 10 Sp. 219) einerseits im allgemeinen die Richtigkeit der Hypothese Cornill's zugebend doch bemerkt, daſs die ganze Untersuchung hiebei zu ausschlieſslich unter dem Einfluſs der einen Stelle des Hieronymus, welcher bei diesem selbst andere (ep. 106 ad Suniam, insbes. 89 ad August, praef. in 4 evv., auch Catal. s. v. Lucianus) entgegentreten, stehe, und andererseits Lagarde G. G. A. v. 1. Juni 1886 Nr. 11 pag. 443/4) sich nicht ganz mit Cornill einverstanden erklärt und zur Vorsicht mahnt, widerspricht Hort, «der Meister der neutestamentlichen Textkritik» in der «Academy» vom 24. December 1887. II 424 Sp. 3 völlig der Cornillschen Hypothese. Nach des letzteren Ansicht ist B. von einer bezw. mehreren Handschriften kopiert worden, welche teilweise eine textliche Verwandschaft mit der bezw. den Handschriften hatten, aus denen Origenes den Grundtext für die Septuagintacolumne seiner Hexapla nahm, den er für seinen Zweck mit «hexaplarischen Verbesserungen, Interpolationen und Beigaben» («Hexaplaric» doctorings, interpolations and accompaniments) versah.

Der Widerspruch eines Mannes wie Hort, so äuſsert sich Cornill in den G. G. N. v. 30. Mai 1888 Nr. 8 (pag. 194/6) muſste mir Veranlassung sein, bald möglichst die Frage einer weiteren und schärferen Prüfung zu unterziehen, und diese hat mich zu der Einsicht geführt, daſs jene von mir aufgestellte Hypothese in der That eine irrige war. Der durchschlagende Gegengruud, an welchem seine Hypothese scheitere, sei die Schreibung der hebräischen Eigennamen im Vaticanus, welcher durchweg und vielfach allein gegen alle übrigen griechischen Handschriften die von der hebräischen Aussprache abweichende und deshalb als ursprünglich und echt septuagintamäfsig anzusehende Form der Eigennamen aufweise. Da es nun bekannt sei, dafs Origenes bei der von ihm veranstalteten Recension des Septuagintatextes es sich namentlich angelegen sein liefs, die hebräischen Eigennamen in der griechischen Transskription nach derjenigen Gestalt und Aussprache zu corrigieren, welche der hebräische Text seiner Tage ihm dargeboten, während die ursprüngliche LXX teils freier gräcisierend in der Umschreibung verfahren sei, teils vielfach noch eine ältere und ursprünglichere Gestalt der Namen zeige, so sei schon durch diese eine Thatsache positiv bewiesen, dafs B. nicht von der Recension des Origenes beeinflufst und von ihr abhängig sein könne. Die unleugbar und thatsächlich nahe Verwandtschaft des Vaticanus mit der speciell auf Origenes zurückgehenden Textgestalt der LXX erkläre er sich mit Hort daher, dafs B. (nicht eine Kopie, sondern) cum grano salis die Vorlage der Hexapla sei. Diese Vermutung Hort's und Cornill's, die alle Wahrscheinlichkeit für sich hat, erfordert notwendigerweise eine eingehendere Untersuchung des Textes in B. für sämtliche Bücher der Bibel, ehe man ein allgemeines, sicheres Urteil über sein Verhältnis zu Origenes sowie überhaupt über den Ursprung seiner Textgestalt fällen darf. Deshalb soll bei folgendem Versuch, das Verhältnis der Textgestalt des Alexandrinus in III Regum zur hexaplarischen Recension festzustellen, auch der Vaticanus berücksichtigt werden.

Vor allem ist zu bemerken, dafs B. in diesem Buche aus demselben Grunde wie im Ezechiel als von der Hexapla unabhängig bezeichnet werden muſs. Denn auch hier zeigt diese Handschrift in dem Punkte, wo sich die redaktionelle Thätigkeit des Origenes recht eigentlich bethätigte, in der Transskription der hebräischen Eigennamen keinerlei Beeinflussung durch dieselbe, sondern weist ebenfalls eine teils ursprünglichere, teils überhaupt ganz andere Form auf als der hebräische Text, die Syro-Hexaplaris und der Alexandrinus. Aber auch ihre sonst von A. (p. u. M.) abweichende, freie Textgestalt, deren bereits kurz Erwähnung geschehen, läſst sie als von der Recension des Origenes unabhängig erscheinen. Daſs uns also in B. ein vorhexaplarischer Text aufbewahrt ist, ob und in wie weit der Vermutung Hort's und Cornill's beizustimmen ist, dürfte aus der beabsichtigten Textvergleichung, soweit dies mit den uns zu Gebote stehenden Mitteln möglich ist, klar sich erhärten lassen.

Dann bestätigte sich für III Regum wohl die Ansicht, welche Hort (The Academy a. a. O.) über A. und B. allgemein ausspricht: «Trotz des unfraglich hohen Alters des Texttypus, welcher der Text des Alexandrinus genannt wird, und seines groſsen Wertes als Beweismittel für die frühere Geschichte der LXX habe ich ein starkes Gefühl dafür, daſs der gegenüberstehende Text (rival text) schlieſslich in ganz klarer Weise derjenige sein wird, welcher im ganzen die Uebersetzung der LXX in ihrer relativ ältesten Form uns giebt (But, notwithstanding the unquestionably high antiquity . . . . . oldest form).»

Nachdem unsere Arbeit in ihren Grundzügen und Resultaten fast vollständig fertig gestellt war, kam uns die gründliche Besprechung Nestle's von Ceriani's «Monumenta sacra et profana. Tomus VII codex syro-hexaplaris ambrosianus photolithographice editus 1874» in der Th. L. Z. 1876 Sp. 179 f. (die gleich den anderen Recensionen

Nestle's in der Th. L. Z. und dem L. C. Bl. durch die Klarstellung der oft verwickelten Fragen auf dem Gebiete der LXX jedem, der sich diesen Studien widmet, zur Lektüre dringend anzuraten ist) zu Gesicht (leider erst so spät, sie hätte früher viel Arbeit erspart) und die feinen Bemerkungen in derselben bezüglich der künftigen Verwendung der Syro-Hexaplaris erfüllten uns mit der Zuversicht, dafs die Fesstellung des Verhältnisses unserer zwei ältesten Uncialcodices zur hexaplarischen Recension, wie sie in dieser Arbeit versucht wird, keine nutzlose und überflüssige Mühe ist. Sie lauten: «Sollen wir noch ein Wort sagen über den Gebrauch, der von dieser syrischen Hexapla für eine zukünftige kritische Ausgabe der Septuaginta zu machen ist, so thun wir das am besten wieder mit den Worten des Hieronymus: «Vis amator esse.... Man nehme nur einmal z. B. Tischendorf's Ausgabe und streiche von den Lesarten des Alexandrinus, was sich mit Hilfe der syrischen Hexapla als origenistisches Einschiebsel aus Theodotion kundgiebt und man wird finden, 1) wie mehr als 2 Drittel der Varianten gänzlich wegfallen, 2) die übrigbleibenden fast nur noch grammatikalische Formen und Aehnliches betreffen und 3) der Codex Vaticanus immer glänzender als die aller künftigen Septuagintakritik zu Grunde zu legende Handschrift heraustritt.

Mit Hilfe der syrischen Hexapla und des Vaticanus läfst sich der Septuagintatext aus der Zeit kurz vor Origenes feststellen; höher hinauf werden wir nicht mit Sicherheit kommen. Die syrische Hexapla ist nun wenigstens für die Hälfte des Alten Testamens sicher gegeben; hoffen wir, dafs die Vollendung der Herausgabe des Vaticanus nicht mehr zu lange auf sich warten läfst.»

Was Nestle einst gewünscht und erhofft, ist bereits längst erfüllt. Der Codex Vaticanus, mit dessen Herausgabe Vercellone und Cozza 1868 begonnen, liegt seit 1872 in 5 Bänden, den Text des Neuen und Alten Testaments umfassend, im Facsimile-Druck vor (Bibliorum sacrorum Graecus codex Vaticanus), wozu nach 9 Jahren der VI. Band, Prolegomena und einen kritischen Kommentar allerdings leider nicht mit der erforderlichen Akribie (conf. Epilogomena zur LXX Ausgabe des Leander van Efs, Leipzig [Bredt] 1887 pag. 23; ebenso Nestle, L. C. Bl. Jahrg. 1882 Nr. 4 Sp. 105 f.) enthaltend, erschien. Durch Nestle selbst, der eine überaus exakte und sorgsame Kollation der Editio Sixtina mit der neuesten Ausgabe des Vaticanus uns bot (Veteris testamenti graeci codices Vaticanus et Sinaiticus um textu recepto collati ab Eb. Nestle Leipzig 1880), wurden wir in stand gesetzt, den Vaticanus in einer das teure Original ersetzenden treuen Wiedergabe zu benutzen und waren nicht mehr auf die unzuverlässige Repräsentantin desselben, die Editio Sixtina von 1586 (bezw. 1587 conf. Epilegomena pag. 13 Anm. 1, ebenso Nestle's Collationen, Monitum pag. III Anm.), welche für drei Jahrhunderte ihre guten Dienste geleistet hatte, allein angewiesen. Denn wenn bereits Nestle durch seine Bemerkung (pag. V s. Monitum zu den Collationen I. Ausgabe), dafs in mehr als 4000 Fällen, in welchen der Alexandrinus von der sixtinischen Ausgabe abweicht, der Vaticanus mit ersterem übereinstimmt, die Unzuverlässigkeit und Wertlosigkeit der Sixtina gekennzeichnet hat, so wird dieses Urteil bei jedem Buche von neuem in uns gefestigt; bemerken wir z. B. in III Regum eine ganz grofse Anzahl hexaplarischer Lesarten in der Sixtina, von denen das Original das Vaticanus frei ist (worauf es für uns ja gar viel ankommt), so lernen wir schon hieraus ganz besonders die Wichtigkeit und den hohen Wert der neuen Facsimile-Ausgabe recht erkennen und hochschätzen.

Erfreulich war es daher, dafs der neuesten Handausgabe von Henry Barclay Swete (The Old Testament in Greek According tho the Septuagint Vol. I Genesis—IV Regum,

Cambridge at the University Press 1887; Vol. II Chronik, Esra A. B., Psalmen [früher separat ediert The Psalms in Greek Cambridge 1889], Proverbien, Ecclesiastes, Canticum, Hiob, Sapientia Salom. u. Sirach, Esther, Judith, Tobit; Cambridge 1891) nicht wieder der sixtinische Text wie in Tischendorf's Ausgabe (Ed. VII 1887, welche denselben zwar ganz treu, aber mit allen ihm anhaftenden Mängeln wiedergiebt), sondern der reine Vaticanus zu Grunde gelegt worden ist. (Es ist zwar nicht zu unterschätzen, dafs aus Tischendorf's Ausgabe, der Nestle's Collationen beigegeben sind, zu ersehen ist, an welcher Stelle die Herausgeber der Sixtina von ihrer Vorlage (B.) abweichen, letzteres bekanntlich nicht immer ohne Grund conf. Nestle L. C. Bl. Jahrg. 1888 Nr. 2 Sp. 41 f.) Bei Benutzung der Ausgabe Swete's ist wohl zu beachten, dafs Bd. II pag. 878 f. (Addenda) eine Anzahl von Berichtigungen zum ersten Band, welche eine von Nestle angestellte Vergleichung mit sein. Supplement (in Tisch. A.) ergab, enthält; in gleicher Weise sind die Ergänzungen bezw. Berichtigungen für Sirach (Eccli.) 1—23 im L. C. Bl. Jahrg. 92 Nr. 9 pag. 273 f. nicht zu übersehen.

Es ist selbstverständlich und wäre überflüssig zu bemerken, dafs bei dem gegenwärtigen Stande der Forschung für die Benutzung der LXX zu textkritischen bezw. exegetischen Zwecken stets der Text des Vaticanus als bester und ältester (allerdings neben gleichzeitiger Berücksichtigung Lucian's und des handschriftlichen Materials in Holmes-Parsons) und zwar in seiner ursprünglichen Gestalt (entweder in Swete's Ausgabe oder bei steter Beachtung von Nestle's Collationen auch in der Tischendorf's) zu verwerten ist, wenn nicht noch immer falsche Ansichten hierüber sich hören liefsen. Trotzdem bereits Schulte in seiner Dissertationsschrift «De restitutione atque indole genuinae versionis Graecae in libro Judicum», Leipzig 1889 pag. 27 die falsche Ansicht Kaulen's (Einleitung in die heilige Schrift

Vorwort zur 2. Auflage 1887. Freiburg. — In Aufl. 3, 1890 ist nichts darin geändert; conf. Vorwort —) dafs statt der Tischendorf'schen Texte die LXX-Ausgabe von Lagarde bei biblischen Anführungen als Norm dienen mufs, zurückgewiesen und Nestle ihm hierin selbstverständlich zugestimmt hat (L. C. Bl. 1890 Nr. 36 pag. 1241 f.) vertritt diese Ansicht noch immer Hoberg (i. Katholik. 1890 i. s. Recension von Schäfer, Einl. in das Neue Testament) und verweist sogar als Beurteiler von «Euringer, Masorahtext des Koheleth» (Literarische Rundschau 1891 Nr. 2) auf Lagarde's Schriften als Stütze für seine Behauptung, als ob je Lagarde daran gedacht hätte, mit seiner Ausgabe (Librorum veteris testamenti canonicorum pars prior graece, Göttingen 1883) etwas anderes bieten zu wollen als den von Chrysostomus und Theodoret gebrauchten amtlichen Text der Sprengel von Antiochien und Konstantinopel, der nach dem Zeugnis des Hieronymus auf den im letzten Jahrzehnt des dritten Jahrhunderts lebenden Märtyrer Lucian zurückgeht. Nicht minder irrt Hoberg, wenn er für die von Lagarde noch nicht edierten Bücher den Text der Complutenser bezw. Antwerpener Polyglotte zu benutzen vorschlägt, da ja diese Ausgaben, wenn sie auch noch manch' gute Lesart bewahrt haben mögen, eine ganz hervorragend gemischte Textgestalt aufweisen. Soweit über den Vaticanus, der in folgender Arbeit nach Swete citiert wird. — Zur Vervollständigung der Syro-Hexaplaris hat Lagarde beigetragen, der aus 4 Londoner und einer Pariser Handschrift die Bücher Exodus, Numeri, Josua und Regnorum III und IV herausgab. (Veteris testamenti ab Origene recensiti fragmenta apud Syros servata quinque Göttingen 1880). — Was den Alexandrinus betrifft, so liegt auch dieser uns nun in reiner Gestalt vor, seitdem Thompson's Ausgabe Facsimile of the Codex Alexandrinus Published by order of the Trustees and sold at the British Museum. Old Testament Vol. I—III 1882—83 (New Test. Vol. IV ist bereits 1879/80 erschienen) veröffentlicht ist und Nestle sie mit den unter dem Text angegebenen Lesarten in Tischendorf's Ausgabe collationiert hat — an 500 Stellen hat Tischendorf, sei es durch Baber's, sei es durch eigene Schuld geirrt (conf. Nestle's Monitum zu s. Supplement pag. 8) — und die Ergebnisse seiner Collation dem Supplement der VII. Aufl. Tisch. beigegeben hat (infra lineam). Bevor wir Tischendorf's Ed. VII zu Gesichte bekamen, war es uns möglich, durch die Güte der Berliner Königl. Bibliothek Thompson selbst einzusehen.

Im Anschluss an die bisherigen Ausführungen über die Gestalt der Textausgaben, welche uns gegenwärtig zur Verfügung stehen, und über ihre Zuverlässigkeit als Ueberlieferung der alten Handschriften dürfte es nicht überflüssig sein, hier anzuführen, was von der Vetus Latina bis jetzt ediert ist, zumal dies nirgends vollständig angegeben ist. Denn wenn auch vor der Hand der Text dieser Tochterübersetzung der LXX bei unserer speciellen Aufgabe noch nicht in Betracht kommt, so ist er doch für die Erreichung des Zieles, wozu unsere Arbeit nur der erste Ausgangspunkt sein soll, nämlich die Gewinnung des vororigenistischen LXX-Textes, von höchstem Werte und erfordert später nicht minder eine gründliche Untersuchung bezüglich seines Verhältnisses zu dem Texte, welchen Origenes für echte Septuaginta hielt, als der Text Lucian's.

Entgegen der Ansicht Lagarde's (conf. s. Ankündigung einer neuen Ausgabe des Alten Testaments 1882), daß man, um dem ursprünglichen Texte allmählich näher zu kommen, mit Lucian beginnen soll, behalten wir uns die eingehendere Untersuchung und Darlegung des Verhältnisses Lucian's zur Hexapla und Vetus Latina für später vor, nachdem wir von Origenes ausgehend über des letzteren Text uns Klarheit verschafft haben werden. Als Stütze für diese Ansicht genügt uns Nestle (L. C. Bl. Jahrg. 1882 Nr. 20 pag. 657 f.).

Gelegentlich sei nur bemerkt, dafs Lucian zu III Regum auch vielfach dem Einflufs des Origenes ausgesetzt gewesen ist. Neben anderen hexaplarischen Lesarten sind besonders die in p. am Rande verzeichneten in Lucian wiederzufinden. Ferner bemerkten wir, dafs auch in III Regum eine ganz auffällige Uebereinstimmung zwischen Vetus Latina und Lucian herrscht, wie dies bereits für andere Bücher nachgewiesen worden ist (conf. Ccriani, Monumenta sacra et profona 1 XVI für Threni; [Vercellone weist dies öfters nach für den Text des margo legionensis]; conf. Wellhausen, der Text der Bücher Samuelis, Göttingen 71 [Anhang]; Jacob, das Buch Esther bei d. LXX pag. 19. 20; S. R. Driver, Notes on the hebrew text of the books of Samuel, Oxford 1890 [Clarendon Prefs] pag. LXVII.)

Für die Vetus Latina zu III Regum bietet nun aufser den zum gröfsten Teil recht dürftigen Fragmenten bei Sabatier im I. Bande seines bekannten Werkes «Bibliorum sacrorum Latinae versiones antiquae seu vetus Italica Paris 1743» nicht geringe Ausbeute der Margo codicis legionensis, den C. Vercellone uns im Anschlufs an sein Werk Variae lectiones Vulgatae Latinae Bibliorum Editionis Tomus II Rom 1864 pag. 443—554 zugänglich gemacht hat. Wir finden daselbst Fragmente zu allen Kapiteln aufser zu XX, XXI und XXII. — In der Zeitschrift des Harzvereins für Geschichte Jahrg. 1874 pag. 262 ist uns ein Bruchstück einer vorhieronymianischen Uebersetzung, enthaltend den Text von Cap. V, 2—9, veröffentlicht, welches Mülverstedt und Jacobs in Magdeburg auf zwei Pergamentblättern des Umschlags einer Quedlinburger Stiftsrechnung aus den Jahren 1617/18 entdeckt haben.

Nach 22 Jahren fand Düning in Quedlinburg in einem alten Schranke des Archivs der Oberpfarre zu St. Servatii unter verschiedenen Kommunikantenregistern des 17. und 18. Jahrhunderts ein solches aus den Jahren 1619—21, auf dessen Pergamenteinbande sich die wörtliche Fortsetzung des eben erwähnten Stückes befand. Das erstere bricht mitten in den Worten des Hiram Cap. V, 9 ego ponam illas rates usque in lo ab und Düning's Ostern 1888 im Programm des Quedlinburger Gymnasiums veröffentlichtes Fragment setzt den Text fort mit den Worten cum quemcunque dixeris .... und reicht bis Cap. VI, 7. — Düning, der in seiner Schrift die zu III Regum edierten Bruchstücke der Vetus Latina aufzählt, scheint es entgangen zu sein, dafs 1885 J. Belsheim aus einem codex rescriptus der Bibliotheca Caesarea Regia Palatina Vindobonensis nebst Bruchstücken zu anderen Büchern auch zu III Regum 5 Fragmente veröffentlicht hat, welche den Text zu Cap. XI, 41—XII, 11; XIII, 19—28; XIV, 6—15; XV, 34—XVI, 28; XVIII, 23—29 enthalten. (Belsheim, Palimpsestus Vindobonensis. Antiquissimae veteris testamenti translationis latinae fragmenta e codice rescripto eruit et primum edidit J. B. conf. Nestle's Anzeige i. d. Th. L. Z. 1885 Nr. 21 pag. 515.) Auf eine irrtümliche Behauptung Belsheim's möchten wir hier aufmerksam machen. In seiner Praefatio pag. VI spricht er von der Beschaffenheit des lateinischen Textes und seinem Verhältnis zum griechischen und bemerkt zu den Bruchstücken unseres Buches: «In libro III Regum plura inveniuntur additamenta, quae in translationis septuagintaviralis editionibus, quas mihi inspicere licuit, non exstant conf. cap. XIV, ubi actio regis Rhoboam cum populo, consultatio eius cum senioribus et iunioribus et inconsideratum responsum eius cap. XII non sine variationibus nomullis reiteratur.

Allerdings enthält Cap. XIV des griechischen Textes nicht die Zusätze im lateinischen, aber vergleichen wir den grofsen Zusatz des Vaticanus nach Cap. XII, 24 (Swete 24a—z), dann finden wir, dafs der Text des lateinischen Fragmentes vollständig identisch ist mit dem Texte, der von 24k an mit den Worten καὶ εἶπεν Ἀχειὰ τῷ παιδαρίῳ beginnt und bis zu den in 24r stehenden Worten οὕτως λαλήσεις πρὸς τὸν λαὸν λέγων Ἡ μικρότης μου reicht.

Bevor wir zum Zwecke der Feststellung des Verhältnisses, in welchem der Alexandrinus und Vaticanus zur hexaplarischen Recension stehen, eine Vergleichung zwischen A. B. und p. anstellen, scheint es uns geboten, auf den geschichtlichen Ursprung, das Wesen und die Art der Ueberlieferung der Syro-Hexaplaris näher einzugehen; denn nur dadurch dürften wir im stande sein, einen gerechten Maſsstab an die Verwendung von p. als Hilfsmittel für den verloren gegangenen griechisch-hexaplarischen Text zu legen. Nicht minder erforderlich ist es, zum Zwecke einer richtigen Beurteilung der Grenze der zu fordernden Uebereinstimmung zwischen A. und p. die von B. abweichenden Lesarten des Alexandrinus einer genaueren Prüfung in der Hinsicht zu unterwerfen, daſs wir mit Fug und Recht diejenigen von ihnen eliminieren, welche entweder nur im Wesen der griechischen Handschriften begründet sind, oder bei denen sich durch das Syrische eine Entscheidung für A. oder B. nicht treffen läſst. Denn wenn auch p. dadurch, daſs sie überaus wortgetreu übersetzend sich genau an den griechischen Text anschlieſst, indem sie sogar griechische Partikeln und Etymologien nachahmt und griechische Wörter öfters beibehält, von höchstem diplomatischen Werte als vollgewichtiges Zeugnis für die Lesarten des Griechen gelten sollte, so dürfen wir, auch wenn wir A. für identisch mit einem Exemplar des Eusebius und Pamphilus halten, nicht vollständige Uebereinstimmung zwischen A. und p. erwarten oder fordern.

Liegen doch beinahe 5 Jahrhunderte zwischen der Abfassung der Uebersetzung und dem Beginne der Verfertigung und massenhaften Vervielfältigung der Abschriften des Eusebius und Pamphilus aus der Hexapla.

Was die Handschrift selbst betrifft, welche Field benutzte und deren Text von Lagarde ediert uns vorliegt, so gehört sie dem achten Jahrhundert an (ist also ungefähr 100 Jahre nach Entstehung des Originals zu datieren conf. Field's Monitum und Lagarde's Ausgabe Vorwort pag. III [codex] musei britannici 14437, Wrightii 53, scriptum saeculo octavo: «Regnorum tertii») und bietet uns für unser Buch mit Ausnahme eines Defektes von Cap. VII, 14—VIII, 61 (dieses Stück wird deshalb später nicht berücksichtigt) den Text vollständig.

Bezüglich der Ueberlieferung der hexaplarischen Zeichen sind in ihr ebenso wie in anderen Büchern Inkorrektheiten in grofser Anzahl zu bemerken, worüber bereits Field mit den Worten klagt: »In asteriscis et obelis pingendis scriba non raro peccat, confusione ex more dictorum siglorum non solum initio sententiae, sed singulis lineis quibus sententia terminaretur praemittendorum evidenter nata» (conf. s. Monitum). Doch ihrer Richtigstellung sind wir mit nur geringen Ausnahmen überhoben, da Field's Meisterhand dies bereits in bekannter gründlicher Weise gethan. Die wenigen Stellen, an denen Field's Angaben mit dem uns vorliegenden Text in Lagarde's Ausgabe nicht übereinstimmen und daher teils zu vervollständigen teils zu berichtigen sind, mögen hier ihre Aufzählung finden. So finden sich in Lagarde's Text foldende mit dem Obelus bezeichnete Lesarten, die Field nicht anführt.

Cap. II, 2 ⵗאיתי֒ (÷εἰμί ⵗ).

Cap. II, 42 ⵗמן אורשלם֒ (÷ἐξ Ἰερουσαλήμ ⵗ).

Cap. XVIII, 38 sind die Worte πῦρ παρὰ κυρίου ἐκ τοῦ οὐρανοῦ (M. liest nur אֵשׁ־יְהֹוָה) wiedergegeben mit נורא מן ÷ מריא מן שמיא; der Metobelus fehlt hinter שמיא, der Obelus ist jedenfalls an falsche Stelle geraten und wie M. bezeugt vor מן zu setzen, so dafs ÷ ἐκ τοῦ οὐρανοῦⵗ zu lesen ist (was bei Field nicht angeführt ist).

Cap. XIX, 20 ⵗאלישע֒ (÷Ἐλεισαῖεⵗ).

Cap. XXII, 7 ⵗלמריא֒ (÷τὸν κύριονⵗ).

Cap. XXII, 30 ⵗמלכא דיהודא֒ (÷βασιλέα Ἰούδαⵗ).

In Cap. XIX, 6 giebt Field die Worte καὶ ἀνέστη mit Obelus an und bemerkt, daſs p. fälschlich diese Worte mit dem Asteriskus liest; er hat jedenfalls übersehen, daſs ויקם ※ (※καὶ ἀνέστη ✓) in p. zu Vers 8 gehört. Denn in p. liegt augenscheinlich ein Defekt, veranlaſst durch Homoeoteleuton vor, so daſs die Worte von ויקם ✓ Vers 6 bis ויקם ※ Vers 8 fehlen.

Cap. XXI (XX) 16 führt Field ÷ὁ Ἰεζραηλίτης an. In p. fehlt der Obelus vor ὁ, dagegen steht der Metobelus erst nach den Worten וצדק מאנא דילה ואתעטף סקא: והוא בתר הליך, so daſs in Uebereinstimmung mit dem Zeugnis des Hebräers, der dies alles nicht aufweist, zu lesen ist ÷ὁ Ἰσραηλείτης (conf. Swete's Ausgabe), καὶ διέρρηξεν τὰ ἱμάτια ἑαυτοῦ (A. αὐτοῦ) καὶ περιεβάλετο σάκκον· καὶ ἐγένετο μετὰ ταῦτα ✓.

Sonst wären noch folgende Einzelheiten zu erwähnen.

Cap. XIV, 5 führt Field nicht an, daſs in p. die Worte καὶ ἐγένετο ἐν τῷ εἰσέρχεσθαι αὐτήν, καὶ αὕτη ἀπεξενοῦτο fehlen, wohl infolge eines Homoeoteleuton, da Vers 6 mit καὶ ἐγένετο beginnt.

Cap. XXI (XX), 19 pag. 641/2 Anm. 27 sagt Field «Mox Syro-Hex.: ἐκεῖ λείξουσιν οἱ κύνες καὶ τὸ αἷμά σου, invitis libris Graecis». Doch sowohl A. als auch B. lesen diese Worte, nur fehlt in B. καί und in A. οἱ κύνες καί (A. B. λίξουσιν).

Cap. IV, 16 zu Μααλωθ s. später.

Cap. II, 30 bezeichnet Field ÷πρὸς Ἰωάβ ✓ als fehlend in B., während dies nicht der Fall ist, wogegen XV, 28 die Worte ※'A. Σ. ἀντ' αὐτοῦ ✓, von denen Field sagt, Desunt in Cod. XI solo» auch in B. fehlen (Ed. Sixtina liest ἀντ' αὐτοῦ) s. weiter unten. (Cap. XV, 23 bezeichnet F. die Worte ※Θ καὶ τὰς πόλεις ἃς ᾠκοδόμησεν ✓ irrtümlich als fehlend in A. s. weiter unten. Dagegen hat er die Lesarten Cap. XV, 24 ※'A. Θ μετὰ τῶν πατέρων αὐτοῦ ✓ und ※'A. Θ πατρὸς αὐτοῦ, sowie Cap. XVIII, 11 ※ἰδοὺ

Ἠλιού⸔, 12 ※’Α. Θ. καὶ οὐχ εὑρήσει σε⸔ nicht als in A. vorhanden bezeichnet. (Was sonst noch über Versehen dieser Art bei Field zu bemerken ist, soll an geeigneter Stelle erwähnt werden.)

Für unseren Gebrauch der Uebersetzung ist nun ferner zu beachten, dafs ihr Schöpfer, Paulus v. Tella, wenn auch die besten LXX-Handschriften ihm zu Gebote standen, d. h. solche, die von Eusebius und Pamphilus dem Original der Hexapla entnommen waren und die kritischen Zeichen beibehalten hatten, sicher verschiedene solcher Handschriften benutzt hat, wie bereits Nestle (Th. L. Z. Jahrg. 1876 pag. 179) bemerkt hat; letzterer verweist hierbei auf die von Masius angeführte Note, die der Pariser Handschrift hinter II Regum, der Londoner Hdss. am Ende von Exodus, Josua, Ruth, I Regum, des Ambrosianus am Ende der Proverbien und des Jesaias. Erklärlich und nicht wunderbar ist es daher, wenn manche Lesart in der Syro-Hexaplaris sich findet, welche in der griechischen Ueberlieferung fehlt, zumal bis jetzt von keinem einzigen der Codices, welche nach der gewöhnlichen Annahme der hexaplarischen Recension angehören (so der Codex Marchalianus, Chisianus [R. VII, 45], Barberinus, Sarravianus, Coislinianus und andere conf. Pitra, Analecta sacra ... III pag. 552f.) mit Sicherheit sich behaupten läfst, dafs er Paulus v. Tella vorgelegen hat. (Lagarde spricht [G. G. A. Jahrg. 1886 Nr. 11 pag. 444] von einem im Privatbesitze befindlichen, fast sicher die Recension von Palästina wiedergebenden Codex, der ihm zugänglich sei.) Hierzu kommt noch, dafs p. verschiedenen fremden Einflüssen ausgesetzt gewesen ist. Bereits G. Bickell bezeichnet in seiner trefflichen und lehrreichen Schrift «De indole ac ratione versionis Alexandrinae in interpretando libro Jobi» Marburg 1862 pag. 37 p. als verderbt mit den Worten: «praebere recensionem post hexapla e reliquis interpretibus iterum interpolatam et correctam» und Field (Prolegomena in

Hexapla Origenis pag. LXIV—LXVI) führt Beispiele dafür an, dafs p. durch die Peschittha beeinflufst worden ist, dafs in vielen Stellen irgend eines Buches dieser Uebersetzung Lesarten sich finden, die aus anderen Büchern stammen und dafs sie gar oft mit kritischen Zeichen versehene Lesarten zuläfst, die weder durch M. noch durch die Mehrzahl der griechischen Handschriften bezeugt sind. Gelingt es nun auch, durch Vergleichung der Peschittha den Einflufs der letzteren auf p. gar oft zu erkennen, so läfst uns p. doch über Manches im Zweifel, und wenn ihr Wert zur Herstellung des vororigenistischen Textes ein hochbedeutender ist, so dafs mit Recht Lagarde die Bruchstücke, welche er herausgab, mit dem bezeichnenden Titel «Veteris testamenti ab Origene recensiti fragmenta . . . . . quinque» (conf. Th. L. Z. Jahrg. 1880, Nr. 23, Sp. 554/5. L. C. Bl. 1882, Nr. 20, Sp. 657 f.) versah, so müssen wir doch bei ihrem Gebrauch gröfster Vorsicht uns befleifsigen.

Herrscht doch z. B. für Hiob, dessen hexaplarische Version in zwei lateinischen, mit kritischen Zeichen versehenen Handschriften überliefert ist (bei III Regum ist p. der einzige Zeuge für Origenes), was die Stellung und Anzahl der hexaplarischen Zeichen betrifft, in der Ueberlieferung der einzelnen Handschriften nicht völlige Uebereinstimmung, so dafs oft in der einen als fehlend bezeichnet wird, was die andere als vorhanden angiebt.

Da hat sich denn als ein höchst wertvolles und nützliches Hülfsmittel zur Sicherstellung der schwankenden Ueberlieferung die 1885 und 1889 in zwei Bänden von P. Augustini Ciasca aus dem Museum Borgianum edierte Copto-Sahidische Bibelübersetzung erwiesen, welche Fragmente gröfseren und kleineren Umfangs zu sämtlichen Büchern liefert. Für Hiob ist sie zur Feststellung der Anzahl und richtigen Stellung der durch die griechischen und lateinischen hexaplarischen Handschriften unsicher bezeugten, in diesem Buche zahlreich vorhandenen Lesarten des Origenes von Ciasca selbst (Tomus II Einleitung pag. XXXIII—XXXVI) und Dillmann (Sitzungsberichte der Berliner Akademie der Wissenschaften Dezemberheft 1890) in lohnender Weise benutzt worden, teils als Bestätigung und Ergänzung der Resultate Bickell's in seinen Arbeiten über Hiob (1. De indole . . . . . conf. pag. 25, Fortsetzung hiervon in der Zeitschr. für kathol. Teologie 10. 1886, pag. 557/564), teils zur Berichtigung falscher Ansichten über die Ursprünglichkeit mancher Stellen oder über deren spätere Einschiebung. (Die Copto-Sahidische Uebersetzung bietet einen Text, der vor Origenes zurückgeht.) Für III Regum sind leider nur einige Verse von Ciasca im I. Bande pag. 217/8 und zwar Cap. XIX, 9 b—14 überliefert und daher uns das Mittel, über zweifelhafte Stellen uns Gewifsheit zu verschaffen, versagt.

Eine genauere Vergleichung der Peschittha (S.) mit p. ist für III Regum insofern höchst lohnend, als der Einflufs von S. auf p. sich öfters auf solche Lesarten erstreckt, bei deren Anführung Field die Worte gebraucht: «Sic Syro-Hexaplaris invitis libris Graecis.» Da überall, wo in p. ein Einflufs von S. sich konstatieren läfst, der Lesart in A. der Vorzug zuerkannt werden mufs, insofern uns wohl in A. der hexaplarische Text aufbewahrt ist, so möge hier eine Aufzählung der durch S. beeinflufsten Stellen folgen, was ja gewissermafsen eine Reinigung von p. bedeutet. Vor der Hand jedoch sollen die Eigennamen, die ja, wie Thomas Skat Roerdam zu Richter und Ruth bemerkt hat (conf. s. W. Libri Judicum et Ruth secundum versionem Syriaco-Hexaplarem Havniae 1859. Praefatio pag. VIII) vornehmlich dem Einflufs der Peschittha ausgesetzt waren, nicht berücksichtigt werden, da sie späterhin aus noch zu entwickelnden Gründen eingehender behandelt werden sollen.

Cap. I.

38, 44 וְהַכְרֵתִי וְהַפְּלֵתִי (M.); diese Worte übersetzen A. B. mit καὶ ὁ Χερεθθεὶ καὶ ὁ Φελεθθεί; p. dagegen mit וחארא ופלחא = liberi et servi (P. Smith, Thesaurus pag. 3151) oder nobiles et rustici (Castelli, Lexicon Syr. pag. 707). Allerdings hat S. an diesen Stellen וקשתא ודשדין בקלעא (Bogenschützen und Schleuderer), aber II Regum, VIII, 18. XV. 18. XX, 7. 23 finden sich in S. dieselben Worte wie an unserer Stelle in p.

52. מִשַׂעֲרָתוֹ (M.) A. B. = τῶν τριχῶν αὐτοῦ. p. = מן סערא דרישה. Dazu bemerkt Field (Anm. 60) «Syrohex. in textu τῶν τριχῶν τῆς κεφαλῆς αὐτοῦ, invitis libris Graecis.» In S. steht ebenfalls מן סערא דרישה.

Cap. IV.

12. עַד מֵעֵבֶר (M.). B. = ἕως Μαέβερ. A. ἕως Μεμβραδει; p. = ועדמא לעברא. Field bemerkt (Anm. 12) «Syro-hex. in textu . . . . . καὶ ἕως τοῦ πέραν, invitis libris Graecis, qui omnes nomen proprium varie exaratum habent»; S. liest so wie p.

13. לוֹ הַוֹּת יָאִיר (M.); A = αὐτῷ ὁ Αὐὼθ Ἰαρείρ; p. = דילה חבל יאיר = S. (αὐτοῦ σχοίνισμα Ἰαίρ Field Anm. 13).

Cap. V.

25 (Sw. 11). מַכְלָה (M.); B. μαχείρ, A. μαχάλ (μαλάλ), p. = מאכולתא; ebenso liest S. (Field, Anm. 17).

25 (Sw. 11). כָּתִית (M.); A. B. = (ἐλαίου) κεκομμένου; p. S. = עצירה (Field, Anm. 20).

[20 (Sw. 6). בָּנוּ; A. B. ἡμῖν; p. S. = בן (ἐν ἡμῖν) Field, Anm. 8.]

[22 (Sw. 8). וּבְעֵצֵי; A. B. om. p. S. = ובקיסא.]

Cap. VI.

6 (Sw. 11). וְהַתִּיכֹנָה (M.); A. B. = καὶ τό μέσον; p. = ודהי מצעיתא (Field, καὶ τῆς μέσης. Anm. 18), γ = ומצעיתא.

20. 21 (Sw. 20). זָהָב סָגוּר (M.); 20. A. B. = χρυσίῳ συνκεκλεισμένῳ.
21 (B$_\wedge$). A. χρυσίῳ ἀποκλίστῳ; p. S. = סנינא (ἄπυρος. Field, Anm. 43.)
37 (B. VI, 4). בְּיֶרַח זִו (M.); ἐν μηνὶ Νεισῷ = B (Sw. VI, 3). A. = ἐν μηνὶ Ζειού; p. S. = בירחא איר. p. תרינא (= ἐν μηνὶ Ἰὼρ τῷ δευτέρῳ conf. Field, Anm. 67.) s. weiter unten.
38 (B. VI, 5). בְּיֶרַח בּוּל (M.); B. (Sw. VI, 5) ἐν μηνὶ Βαάδ; A = ἐν μηνὶ Βούλ; p. = בירחא באול תשרי אחרי, ist jedenfalls Doppelübersetzung; in S. findet sich nur תשרין אחרי (Field, Anm. 68).

Cap. VII.

3 (Sw. 40). הַטּוּר (M.); A. B. = ὁ στίχος; p. S. = לסדרא (Field, Anm. 5).

Cap. X.

8. תָּמִיד (M.); A. B. = δι' ὅλου; p. S. אמינאית = διὰ παντός [conf. Exodus XXV, 30 (Sw. 29), XXVII, 20 (in A. B. und p.)]. Field, Anm. 6.
12. וְכִנֹּרוֹת וּנְבָלִים (M.); A. = καὶ κινύρας καὶ νάβλας, B. = καὶ νάβλας καὶ κινύρας; p. = וקיתרא וכנרא; S. nur umgestellt וכנרא וקיתרא; Field, Anm. 11.

Cap. XI.

4. הִטּוּ (M.); A. B. ἐξέκλιναν; p. = אסטיין (Vers 2. 3. נצלון, צלי; S. = אסטי (so auch 2. 3. אסטי, אסטין, נסטין). Field, Anm. 6.
7. בָּמָה (M.) ὑψηλόν = A. B.; p. und S. עלחא βωμόν (conf. XII, 32 p. = רמתא, dagegen in margine עלותא = S.) Field, Anm. 10.
25 (Sw. 22). וַיָּקֶץ (M.); A. B. καὶ ἐβαρυθύμησεν; p. und S. = ואעיק Field bemerkt «Syro-hex. vertit .... h. e et contristavit (ἐλύπησε) (Israelem). Anm. 29.

Die Beachtung des bisher Ausgeführten ist für die Textvergleichung von A. (bezw. B.) und p. schon deshalb von höchster Bedeutung, weil wir einerseits davor gewahrt bleiben sollen, Abweichungen in dem Texte, den p. uns darbietet, fälschlich als begründet in der griechischen Vorlage von p. zu finden, sowie andererseits das Vorhandensein wirklicher Varianten (siehe weiter unten) zwischen p. und A. uns erklärlich wird und von dem zu fassenden Urteil über den Ursprung der Textgestalt in A. uns nicht abschrecken kann. Nun aber ist es aus denselben Gründen noch erforderlich, daſs wir uns Klarheit darüber verschaffen, inwieweit die Verschiedenheit des syrischen und griechischen Idioms uns bei der Vergleichung Schranken auferlegt und auch diejenigen Lesarten ausscheiden, welche nur im Wesen der griechischen Handschriften begründet sind und daher zu den Varianten im eigentlichen Sinne nicht gezählt werden können.

Es ist selbstverständlich, daſs uns oft, da die verschiedenen Sprachen einander nicht decken, ihre Ausdrucksmittel verschiedentlicher Art sind, bei Differenzen zwischen A. und B. eine Entscheidung durch p. für die Lesart einer dieser beiden Handschriften nicht möglich sein kann.

[Bei der nun folgenden Anführung der hierher gehörigen Fälle, die soweit als möglich Vollständigkeit anstrebt, werden die B. angehörigen Lesarten vor der Klammer (]), die A. angehörigen hinter derselben ihren Platz finden.]

Wir können für die griechische Vorlage von p. die Lesart nicht sicher feststellen, wo A. und B. synonyme Wörter gebrauchen (vgl. II, 35_n; XX, (G. XXI) 27; XXI (XX) 18 ἀπαντήν] ἀπάντησιν; XVIII, 6 συναντήν] συνάντησιν; II, 37 ἐξόδου] ἐξοδίας (Herodot, Polybius, Strabo); II, 44 οἶδας] ἔγνως; X, 2 χρυσόν (Acc.)] χρυσίον; XI, 41 ῥημάτων] λόγων; XVII, 2 ῥῆμα] λόγος; XI, 15 στρατείας (fehlerhaft für στρατιᾶς, so liest Ed. Sixtina] δυνάμεως; XVII, 19 ἀνήνεγκεν] ἀνήγαγεν; XVIII, 5 γῆν] παιδίον (πεδίον); XX (XXI) 22 ἀναβαίνει] ἄνεισιν, 12 ὅτε] ὡς, 31 δή] οὖν; XXI (XX), 2 ἄλλαγμα] ἀντάλλαγμα); — hierher dürften Differenzen zwischen A. und B. gehören hinsichtlich des Gebrauchs der (folgenden) Pronomina II, 4, IX, 4, XI, 38 ἐμοῦ] μου; III, 5 σαυτῷ] σεαυτῷ; IX, 9 αὐτῷ] ἑαυτῷ (XVIII, 43 ebenso); X, 9 αὐτῶν] ἑαυτῶν; XI, 16 ὅτου] οὗ; XIII, 4 αὐτόν] ἑαυτόν; XIII, 30, XVIII, 42 (2×), XXI (XX) 16 ἑαυτοῦ] αὐτοῦ; XIV, 29, XV, 7, 31, XVI, 5 ἅ] ὅσα; XVII, 13 ἐμοί] μοι; XXII, 11 ἑαυτῷ] αὐτῷ; — nicht minder gilt dies, wo A. und B. hinsichtlich der mit Praepositionen zusammengesetzten Verba von einander abweichen, da p. hier sowohl als auch in den früheren Fällen sich stets desselben Ausdruckes für die verschiedenen griech. bedient (vgl. II, 33 ἐπεστράφη] ἀπεστράφη, 41 ἀπέστρεψεν] ἐπέστρεψεν; XIII, 11 ἐπέστρεψαν] ἀπέστρεψαν; XVIII, 37 ἔστρεψας] ἐπέστρεψας, 44 ἀπέστρεψεν] ἐπέστρεψεν; XX (XXI) 9 ἐπέστρεψαν] ἀνέστρεψαν (in allen diesen Fällen gebraucht p. הפך); III, 19 ἐπεκοιμήθη] ἐκοιμήθη; IV, 3 ὑπομιμνήσκων] ἀναμιμνήσκων; V, 8 (M. 22) ἀπέσταλκας] ἐπέσταλκας; VI, 33 (35) ἐκκεκολαμμένα] εἰσκεκο.; XII, 33 ἀνέβη] ἐπέβη; XIII, 2 θύσει] ἐπιθύσει; 12 ἐλθών] ἐξελθών; XVIII, 7 ἦλθεν] ἀπῆλθεν; XVIII, 13 ἀπηγγέλη] ἀνηγγέλη, 20 ἐπισυνήγαγεν] συνήγαγεν; XIX, 20 κατέδραμεν] ἐπέδραμεν; XXI (XX) 10 ἐνκαθίσατε] καθίσατε, 24 φάγονται] καταφάγονται; XXII, 16 ἐξορκίζω] ὁρκίζω, 34 ἐπέτεινεν] ἐνέτεινεν, 46 ἐνγεγραμμένα] γεγραμμένα; XI, 16 ἐνεκάθητο] ἐκάθητο — hierher gehören auch Verschiedenheiten hinsichtlich der Anwendung von Praepositionen IV, 29 (M. V, 31) ὑπέρ] περί; X, 3 παρά] ὑπό; XIII, 3 ἐπ' αὐτῷ] ἐν αὐτῷ; p. = ילוהי, 31 ἐν αὐτῷ] παρ' αὐτοῦ; p. = בה (in den letzten beiden Fällen würde p. für B. sprechen); XVI, 5 ἐν βιβλίῳ] ἐπὶ βιβλίῳ, 20 ἐν βιβλίῳ] ἐπὶ βιβλίου; XVI, 7 ἐπὶ Βαασά] περὶ Β.; XX (XXI) 33 ἀπό] ἐκ.

Versagt ist uns ferner eine sichere Entscheidung für

die Lesarten in A. oder B., wo diese Handschriften von einander abweichen hinsichtlich des Genus (vgl. I, 33 τὴν Γειών] τὸν Γιών ; V, 24 (28) ἀλασσόμενοι, ἀλασσόμεναι ; XI, 22 (25) τῇ Ἐδώμ] τῷ Ἐ.; XII, 4 τὸν κλοιόν] τὸ κ.; XIII, 13 (bis) τὸν ὄνον] τὴν ὄνον ; XVIII, 2 ἡ λιμός (dorisch conf. Rosenmüller : Commentationes Theologicae Leipzig 1825 pag. 120, 143 Abh. von Plank «De vera natura atque indole orationis graecae N. T. commentatio; Winer, Grammatik des neutesttam. Sprachidioms, IV. Aufl. Leipzig 1836, pag. 62)] ὁ λιμός ; XX (XXI) 25 τὸν ἵππον] τὴν ἵππον; — des Numerus, da Lagarde in Ermangelung syrischer Schrift (G. G. N. Jahrg. 1890 Nr. 13, Klein. Mitteilungen pag. 431) sich für p. der hebräischen bediente und die Pluralpunkte (Sejame, Ribbuj) nicht anwendete [1]) [vgl. Cap. VI, 11 (6) διάστημα] διαστήματα ; XI, 33 τοῖς Χαμώς] τῷ X.; XV, 19 δῶρα] δῶρον; XVIII, 13 ἄρτοις] ἄρτῳ; XIX, 14 ἐν ῥομφαίᾳ] αἴαις, 21 τὰ ζεύγη] τὸ ζεῦγος; XVII, 13 ἐπ' ἐσχάτου] ἐπ' ἐσχάτων; XX (XXI) 23 κοιλάδος] ἀδων; dagegen entspricht XVIII, 9, XXII, 15 χεῖρα] χεῖρας ידא in p. dem Singular in B.], hinsichtlich der Tempora und Modi, insbes. des Aorist und Perfectum, die von p. nicht unterschieden werden (vgl. I, 6 ἀπεκώλυσεν] υεν; III, 13 δέδωκα] ἔδωκα; II, 30 ἐκπορεύομαι] ἐκπορεύσομαι ; VI, 12 (7) ἠκούσθη] ἤκουσται; II, 3 (ἵνα) συνήσεις] συνίῃς; IX, 3 ἡγίακα] ἡγίασα; X, 21 λογιζόμενον] λογισμένον; XV, 24 βασιλεύει] ἐβασίλευσεν; XVIII, 9 δίδως] δώσεις; XVII, 9 πορεύου] πορεύθητει ; XVII, 12 ἔστιν] ἔσται; XIX, 10. 14 ἐζήλωκα] ἐζήλωσα ; XVIII, 10 ἀπέστειλεν] ἀπέσταλκεν ; XX (XXI) 6 ἀποστελῶ] ἀποστέλλω;

---

[1]) Kurz vor dem Druck war mir eine Einsicht in das neuerdings von Alfred Rahlfs veröffentlichte Werk «Bibliothecae Syriacae A Paulo de Lagarde Collectae Quae Ad Philologiam Sacram Pertinent Göttingen 1892» möglich. Hier liegt p. in syrischen Typen vor und die Pluralpunkte sind vorhanden. Es stimmt nun p. in Cap. VI, 11 (6), XV, 19, XVII, 13, XVIII, 13, XIX, 14. 21, XX (XXI) 23 mit B., XI, 33 mit A. überein.

λέγε] εἶπον; XXII, 28 λελάληκεν] ἐλάλησεν; XIII, 18 ἐπίστρεφον] ἔψαι, φαγέτω] φάγεται, πιέτω] πίεται; XVIII, 5 εὕρωμεν] εὕρομεν; XX (XXI). 32 ζησάτω] ζήτω; XII, 28 ἱκανούσθω] ἱκανοῦσθαι; XVIII, 25 ἐπικαλέσασθε] ἐπικαλεῖσθαι; XXII, 4 ἀναβήσῃ] ἀνάβηθι . . . . . verschiedener griechischer Konstruktionen vgl. IV, 30 (V 14) ἤκουσαν τῆς σοφίας] τὴν σοφίαν; XII, 23 βασιλεῖ] βασιλέα; XVI, 15 τὴν τῶν ἀλλοφύλων] τῇ τῶν ἀλλυφύλων, 31 βασιλέως] βασιλεύς; VIII, 63 τὰς θυσίας τῶν εἰρηνικῶν ὦν] ἅς; IX, 1 συνετέλεσεν οἰκοδομεῖν] συν. οἰκοδομῶν, verschiedener Partikeln und Konjunktionen. Wir können z. B. nicht wissen, ob p. Cap. II, 3 ὅσα ἄν (B.) oder ὅσα (A.) gelesen (conf. Skat Roerdam a. a. O. pag. 5 Conjunctio ἄν nunquam vertitur; אן in p. = ἐάν conf. weiter pag. 141 Zeile 1), ob Cap. XII, 24 οὐδέ (B.) oder οὐδὲ μή, Cap. XIII, 17 μή (B.) oder οὐ μή (A.) in ihrer Vorlage gestanden. (conf. Skat Roerdam ibid. «Duas vel tres particulas negativas quae Graece negationem augent, quasi una esset, vertit.)

Wie wenig sicher unser Urteil darüber endlich ist, ob p. den Artikel gelesen oder nicht, erkennen wir aus dem Versuch Skat Roerdam's, Regeln dafür aufzustellen a. a. O. pag. 16—27.

A. liest den Artikel, während B. ihn nicht hat Cap. I, 10. 23; II, 3. 4. 12. 29. 33. 43; III, 21; IV, 20 (V, 7). 27 (V, 11); VII, 39 (2). 44 (7); IX, 2. 9; XI, 36; XII, 1. 28; XIV, 27; XVI, 13, 28; XVII, 18; XVIII, 5; XIX, 8. 13; XX (XXI) 2. 29; XXI (XX) 4. 5. 12; XXII, 6. 7. 9. 18. 19; dagegen hat A. ihn nicht gegenüber B. I, 30; II, 26. 35l. 39. 43; III, 6; IV, 22 (V, 2); V, 3 (17); VI, 6 (2); IX, 8; XI, 3. (4). 26. 28. 36. 38; XIII, 6. 16. 28; XV, 14. 18 (bis) XVI, 19. 31; XVII, 2. 14; XVIII, 12. 42; XIX, 15; XX (XXI) 19. 27. 28; XXII, 34. Diese Fälle sind später nicht berücksichtigt worden, wenn auch oft vielleicht sicher p. mit A. als übereinstimmend zu denken ist; dagegen ist XVI, 21; XX (XXI) 3. 5, wo nach Skat Roerdam (a. a. O.

pag. 17, § 13, 1) p. sicher den Artikel in Uebereinstimmung mit A. gelesen hat, beachtet worden.

Im Wesen der griechischen Handschriften begründet und daher als Varianten zwischen A. und B. nicht zu zählen ist zuvörderst eine nicht geringe Anzahl von Lücken in A., die durch Homoeoteleuton (bezw. Homoeoarkton) veranlaßt sind. (Sie mögen hier aufgezählt werden.)

Cap. II, 32:
ἀρχιστράτηγον: > Ἰσραὴλ καὶ τὸν Ἀμεσσὰ τὸν Ἰέθερ ἀρχιστράτηγον.

II, 35 d:
χιλιάδες: > αἴροντες ἄρσιν καὶ ὀγδοήκοντα χιλιάδες.

VI, 12 (7):
ἐν τῷ οἴκῳ: > ἐν τῷ οἰκοδομεῖσθαι.

IX, 9:
αὐτοῖς: > καὶ ἐδούλευσαν αὐτοῖς.

IX, 11:
καὶ ἐν ξύλοις πευκίνοις >: καὶ ἐν.

11:
τῇ: > γῇ τῇ.

X, 19. 20:
λέοντες: > ἑστηκότες παρὰ τὰς χεῖρας. 20: καὶ δώδεκα λέοντες.

33 (29):
ἀργυρίου: > καὶ ἵππος ἀντὶ πεντήκοντα ἀργυρίου. Nach ἀντί steht in p. ※ ἑκατὸν✓.

XI, 20:
ἐν μέσῳ υἱῶν Φαραώ: > καὶ ἦν Γανηβὰθ ἐν μέσῳ υἱῶν Φαραώ. Nach Γανηβὰθ in p. ※ Ἀ. ἐν οἴκῳ Φαραώ✓.
XII, 2: (= B. XI, 43 zw. a und b eingeschoben) καὶ ἐκάθητο Ἱεροβοὰμ ἐν Αἰγύπτῳ — καὶ κατευθύνει καὶ ἔρχεται εἰς τὴν πόλιν αὐτοῦ εἰς τὴν γῆν Σαριρὰ τὴν ἐν ὄρει Ἐφραΐμ >: καὶ ἐπέστρεψεν Ἱεροβοὰμ ἐξ Αἰγύπτου✓. So

nach p. herzustellen conf. Field's Hexapla pag. 620. [B. liest καὶ ἐκάθητο ἐν Αἰγύπτῳ, κατευθύνειν· καὶ ἔρχεται εἰς τὴν πόλιν αὐτοῦ εἰς τὴν γῆν Σαρειρὰ τὴν ἐν ὄρει Ἐφράιμ.]
XIII, 2:
ἐπὶ σέ (2⁰): > καὶ ὀστᾶ ἀνθρώπων καύσει ἐπὶ σέ·
16: μετὰ σοῦ: > ※ οὐδὲ ἐλθεῖν μετὰ σοῦ<. Darauf folgt οὐδέ. (Diese Lücke findet sich in A. und B.)
18: σεαυτὸν: > εἰς τὸν.
28. 29: τὸ σῶμα τοῦ ἀνθρώπου τοῦ θεοῦ· > καὶ οὐ συνέτριψεν τὸν ὄνον· (29) καὶ ἦρεν ὁ προφήτης τὸ σῶμα τοῦ ἀνθρώπου τοῦ θεοῦ.
XV, 18:
αὐτοῦ: > καὶ ἐξαπέστειλεν ※ αὐτούς<.
29. 30: B. liest Vers 29 καὶ οὐχ ὑπελίπετο πᾶσαν πνοὴν τοῦ Ἱεροβοάμ, ἕως τοῦ ἐξολεθρεῦσαι αὐτόν; A. dagegen ἕως οὗ ἐξολοθρεῦσαι αὐτόν, καὶ οὐχ ὑπελείπετο πᾶσαν πνοὴν τοῦ Ἱεροβοάμ und dadurch erklärt sich die folgende Lücke in A. Ἱεροβοάμ: > κατὰ τὸ ῥῆμα κυρίου ὃ ἐλάλησεν ἐν χειρὶ δούλου Ἀχειὰ τοῦ Σηλωνείτου 30 περὶ τῶν ἁμαρτιῶν Ἱεροβοάμ.
XVI, 7:
Βαασά: > καὶ ἐπὶ τὸν οἶκον αὐτοῦ πᾶσαν.
XVI, 22:
Θαμνεί: > υἱοῦ Γωνάθ· καὶ ἀπέθανεν Θαμνεί.
XVII, 5: ※ Ἀ καὶ ἐπορεύθη< (fehlt in B.) καὶ ἐποίησεν:> Ἡλειού κατὰ τὸ ῥῆμα κυρίου ※ Ἀ. Σ. Θ καὶ ἐπορεύθη< (fehlt in B.). (Sodann folgt in A. und B. καὶ ἐκάθισεν).
XVIII, 16. 17: (Für XVIII, 37 conf. später.)
16: Ἡλειού: > 17 καὶ ἐγένετο ὡς εἶδεν Ἀχαὰβ τὸν Ἡλειού.
23: καὶ ἐπιθέτωσαν ἐπὶ τῶν ξύλων >: καὶ.
39: κύριος ※ Ἀ. Σ. αὐτός< ἐστιν ὁ θεὸς: > ※ κύριος< αὐτός (※) ἐστιν< ὁ θεός; so nach p. conf. Field, Hexapla pag. 635 u. weiter unten.
XIX, 17:
Εἰού: > καὶ τὸν σωζόμενον ἐκ ῥομφαίας Εἰού.

20: τὸν πατέρα μου : > ※ καὶ τὴν μητέρα μου(⸖).
XX (Β. XXI) 20 :
ἕκαστος τὸν παρ' αὐτοῦ : > καὶ ἐδευτέρωσεν ἕκαστος τὸν παρ' αὐτοῦ. Diese Lücke hat sowohl A. als auch p. 36. 37 :
36 : καὶ ἐπάταξεν αὐτόν : > 37 : καὶ εὑρίσκει ἄνθρωπον ἄλλον καὶ εἶπεν πάταξόν με δή· καὶ ἐπάταξεν αὐτόν.
XXI (XX) :
27: σάκκον 1⁰ : > ἐπὶ τὸ σῶμα αὐτοῦ καὶ ἐνήστευσεν· καὶ περιεβάλετο σάκκον.
29 : ἀπὸ προσώπου μου : > ※ ἀνθ' ὧν ἐθορυβήθη ἀπὸ προσώπου μου. B. om. conf. Field, Hexapla pag. 642 (34) u. weiter unten.
XXII :
20 : οὗτος οὕτως : > καὶ οὗτος οὕτως.

Zweifelhaft ist es ob Cap. XVI, 11 die Worte καὶ ἐγενήθη ἐν τῷ βασιλεῦσαι αὐτόν durch Homoeoteleuton fehlen oder etwa durch die Aehnlichkeit der vorhergehenden oder nachfolgenden Worte, oder ob diese Lücke als Variante aufzufassen ist. Vorher steht ἀντ' αὐτοῦ (Schluſs von Vers 10) und auf αὐτόν folgt ἐν τῷ καθίσαι αὐτόν.

Neben diesen Auslassungen weist A. an 24 Stellen und zwar gegen M., B. und p. alleinstehend Lesarten auf, die wohl am leichtesten als in den Text aufgenommene Randglossen zu erklären sind.

Cap. I, 24 'Αδωνείας] + σὺ Grabe rechnet dies zu den Fehlern in seiner Vorrede. Ueber diese weiter unten.

I, 48 : ἔδωκεν] + μοι.

II, 13 : αὐτῇ] + αὐτήν.

III, 6 : ἔλεος 2⁰ 20] + σοῦ.

VI, 17 (16) : ἐδάφους] + τοῦ οἴκου.

X, 19 : αὐτοῦ (B.) + χεῖρες (A.) p.] + ἐπὶ τοῦ θρόνου.

XI, 13 : βασιλείαν] + ὅλην (vorher steht ὅλην τὴν. Grabe zählt dies ebenfalls als Fehler auf).

XI, 33 : ἐπορεύθη] + ἐνώπιον κυρίου.

XII, 14 : καὶ ἐλάλησεν πρὸς αὐτούς] + καὶ συνελάλησεν πρὸς αὐτούς (Doppelübersetzung).
XV, 22 : παντί] + τῷ λαῷ (es folgt Ἰούδᾳ).
XVI, 16 : στρατίας B. fälschlich für στρατιᾶς so A. und Ed. Sixtina] + ἐν τῇ ἡμέρᾳ ἐκείνῃ (auch dies findet sich bei Grabe als Fehler angegeben).
(XVIII, 21 liest A. nach Grabe und Tischendorf's Ausgabe ὑμεῖς χωλανεῖτε] + ὑμεῖς. In Swete's Ausgabe fehlt das ὑμεῖς 2⁰.)
XVIII, 10 : ἀπέστειλεν B. (ἀπέσταλκεν A.)] + με.
37 ; ὁ θεός] + μόνος.
XIX, 15 : χρίσεις B. (χρήσεις A.)] + ἐκεῖ.
XX (B. XXI), 19 : ἐξελθάτωσαν] + τὰ παιδάρια (Fehler nach Grabe).
    33 : Ἀδέρ] + λέγει.
    ἅρμα] + πρὸς αὐτόν (Fehler nach Grabe).
    4 : ἐλάλησας] + μοι.
    5 : εἶπον B. (εἶπαν A.)] + πρὸς αὐτόν.
    23 : ὀρέων] + κύριος ὁ (θεός folgt).
XXI (B. XX), 5 : καὶ εἰσῆλθεν Ἰεζάβελ ἡ γυνὴ αὐτοῦ πρὸς αὐτόν] + καὶ εἰσῆλθεν πρὸς αὐτόν (Doppelübersetzung).
    6 : πατέρων μου] + σοι.
    25 : ματαίως] + ἐπράθη.
XXII, 36 : γῆν] + ἀποτρεχέτω.

In Grabe's Ausgabe finden sich unter dem Titel «Sphalmata codicis Alexandrini» (Band II Prolegomena) wie zu den anderen Büchern, so auch zu III Regum eine nicht unbeträchtliche Anzahl von offenbaren Fehlern in A. verzeichet. Da dieses Verzeichnis noch einiger Ergänzung bedarf, soll hier der Vollständigkeit halber nebst Grabe's Angaben aufgeführt werden, was nach unserem Dafürhalten hinzuzufügen ist. Letzteres in Klammern.

Cap. I.

4. νενεάνις (für νεᾶνις Dittographie).

9. ἐθύασεν (— ἐθυσίασεν).
19. τοῦ υἱούς (— τοὺς υἱούς).
24. σύ.
25. βασιλεὺς Ἀδωνειού A. B.
27. verba τοῦ κυρίου μου τοῦ βασιλέως γέγονεν τὸ ῥῆμα bis sunt scripta.
45. κουσατε — ἦν ἠκούσατε.
(45.) ἔχρισεν — ἔχρισαν).
47. εὐλόγησεν — εὐλογῆσαι.
51. καὶ ἀνηγγέλη — θυσιαστηρίου bis scripta.

Cap. II.

3. τορυεσθαι — πορεύεσθαι
(5. υιος αρουιας — υἱὸς Σαρουίας).
τοῦ ἐν — τῷ ἐν.
(14. εἶπον — εἶπεν).
15. βασιλεία — βασιλέα.
(23. ευχης — ψυχῆς).
30. ἐλάληκεν — λελάληκεν.
(45. αιτοιμος — ἔσται ἕτοιμος).
(46. υιω — τῷ).

Cap. III.

1. $\overline{Ιημλ}$ — $\overline{Ιλημ}$.
(4. λιαν — χιλίαν).
22. ἐλάλησας — ἐλάλησαν.
(26. αὐτόν — αὐτό nach παιδίον).

Cap. IV.

13. υκου — υἱοῦ.
21. (M. V, 8) τον ἄχυρον — τὸ ἄχυρον.
22. (V, 2) σιμεδάλεως — σεμιδάλεως.
24. (V, 4) ἡμερῶν — μερῶν.
26. (V, 6) (B.ˬ dag. conf. II, 46 i. Sw.) τοκαδεο—τοκάδες.
30. vox ἀνθρώπων bis scripta.

Cap. V.

6 (20). δουλευσω — σου δώσω.

Cap. VI.
(26 (27). ἤπτετο — ἤπτοντο).
Cap. VII.
3 (B. 40). ἐτάφνωσε — ἐφάτνωσε.
14 (B. 2). υἱοῦ — υἱόν.
(— τιμιος — Τύριος.)
12 (B. 49). κυκλω(ς)στρισεπιχοι ¹) (Sw.) — τρεῖς στίχοι).
Cap. IX.
5. ηκουμενος — ἡγούμενος.
7. comma καὶ ἐξαρῶ — ἔδωκα αὐτοῖς bis scriptum.
— σου — μου.
(13. αὐτά — αὐτάς auf πόλεις sich beziehend).
Zu 19 bemerkt Grabe «ἃς prius scriptum fuit pro αἴ sed error correctus videtur.» In unserer Ausg. steht αἴ.
27. θαλανσαν (Sw. B. I Appendix pag. 875) — θάλασσαν.
28. ἔλαβεν — ἔλαβον.

Cap. X.
11. ξυλοπελεκητα conf. Nestle Collationen pag. 42. In Swete fälschlich bei 12 angeführt) — ξύλα πελεκητά.
13. αὐτῷ — αὐτῇ.
14. τοῦ Σαλωμών — τῷ Σ.
18. δοκίμου — δοκίμῳ.
(19. θρόνου — τόπου).
21. Λαβάνῳ — Λιβάνῳ.
32 (M. 28). ἔξοδον — ἔξοδος.
(— Θεκου εεμ᾽ποροι — Θεκοῦε ἔμποροι).
Daher später Θεκουεεμ — Θεκοῦε).

Cap. XI.
(2. αὐτῶν — ὑμῶν).
(10. ἐντειλαμένου — ἐντειλαμένῳ).
13. + ὅλην.
21. 40. ἐν Αἰγύπτου — ἐν Αἰγύπτῳ.

---

¹) στρισεπιχοι nach Nestle Collat. p. 41.

24. ἐν αὐτόν — ἐν αὐτῷ.
30. αὐτά — αὐτό.
(31. ῥήγματα — σκῆπτρα.)
(33. υἱῷ — υἱῶν.)
(38. τοῖς ὁδοῖς — ταῖς ὁ.)
ἕως σου — ἕως οὗ.

Cap. XII.

2. του τον loco τοῦ.
(6. βούλεσθαι — βουλεύεσθε.)
8. σοῦ αὐτοῦ — αὐτοῦ 2^0.

Cap. XIII.

2. υιερεῖς — ἱερεῖς.
7. αριστη — ἀρίστησον.
(11. ερχον και —ἔρχονται.)
12. πρὸς αὐτόν — π. αὐτούς.
25. εχονομα — ἐχόμενα.
(καὶ εἰσῆλθεν καὶ ἐλάλησεν — καὶ εἰσῆλθον καὶ ἐλάλησαν.)
28. ερρεν — εὗρεν.
(30. ἐκόψατο — ἐκόψαντο.)

Cap. XIV.

Zu Vers 1 giebt Grabe ηρρωσησησεν bezw. ηρρωστηστησεν als Fehler an, während unsere Ausgaben ἠρρώστησεν bieten.
(22. αὐτοῦ — αὐτῶν 1^0.)
(23. ὑψηλοῦ — ὑψηλόν.)

Cap. XV.

20. ουκου — οἴκου.
(16. αὐτοῦ — αὐτῶν.)
(34. υἱὸς Ναβὰτ — υἱοῦ N.)

Cap. XVI.

16. ἐν τῇ ἡμέρᾳ ἐκείνῃ.
22. ὁ Ἰωρὰμ ἀδελφός — I. ὁ. ἀδ.?
27. δυναστιαι (ἦν) — δυναστεία.

31. βασιλεύς — βασιλέως.
(32. ἐνώπιον — ἐν οἴκῳ.)
(ὦν — ὄν.)
Cap. XVII.
19. σοι — σου.
21. αὐτός — αὐτοῦ.
(19. ἐκοίμησεν — ἐκοίμισεν.)
23. αὐτόν 1⁰ (A. B.) — αὐτό.
Cap. XVIII.
2. τῷ ὀφθῆναι — τοῦ ο.
18. καταλειμμάνειν — καταλιμπάνειν B.
26. εκασον — ἐπάκουσον 1⁰.
(26. ἔλαβεν — ἔλαβον.)
(18. ἐπορεύθη — ἐπορεύθης.)
(36. Ἰακώβ — Ἰσραήλ.)
46. Ἰεζάβελ — Ἰσραήλ (B.).
Grabe sagt loco Ἰεζραελ. Ed. Sixtina liest Ἰεζραήλ.
Cap. XIX.
3. τὴν — γῆν.
16. Ἠιού — Ἰηού Grabe B. (Swete u. Nestle) = Εἰού.
(15. χρήσεις — χρίσεις.)
Cap. XX (XXI B.).
19. καὶ ante μὴ ἐξελθάτωσαν bis exaravit.
τὰ παιδάρια. confer. früher pag. 37.
25. ἄκουσεν — ἤκουσεν.
31. σχονία — σχοινία.
33. εἶπεν — εἶπον.
πρὸς αὐτόν. conf. pag. 37.
(34. Δαμασκω — διαθήκῃ.)
41. αὐτῶν — αὐτοῦ.
(21. Συρίας — Ἰσραήλ.)
Cap. XXI (XX B.).
Zu 5 καὶ εἰσῆλθεν πρὸς αὐτόν und 6 σοι conf. pag. 37.
19. ἐκληρονόμησα — ἐκληρονόμησας.

(26. ὧν — ὅν.)
(27. ου — ὡς.)

Cap. XXII.

(10. ἐκάθητο — ἐκάθηντο.)
(14. ἐάν — ἃ ἄν.)
13. καινου — γίνου.
8. 9. Ἰεμαα — Ἰεμλά.
17. ἐν ειρηνην — ἐν εἰρήνῃ. Grabe führt diesen Fehler auch für Vers 7 an, während unsere Ausgaben ihn nicht aufweisen; jedenfalls ein Druckfehler bei Grabe.
19. στρα — στρατιά Gr. (B. Sw. στρατεία). (Sw. Bd. I Appendix 826.)
(27. ἐπιστρέψωμεν — ἐπιστρέψαι με.)
30. συγκαλυψο — συνκαλύψομαι.
31. ἀλλ' ην — ἀλλ' ἤ.
(33. ἐγένοντο — ἐγένετο.)
(32. τῶν Ιωσαφατ — τὸν Ἰ. von εἶδον abhängig.)
39. ἐν βιβλίου — ἐν βιβλίῳ.
42. Ἰωσαφ' — Ἰωσαφάθ.
52. επτακαι δεκα· του — ἑπτακαιδεκάτῳ.

Im Gegensatz zu den hier angeführten Fehlern in A., deren Verbesserung B. uns an die Hand giebt, dürfte an 3 Stellen B., die später nicht erwähnt werden, B. durch A. zu verbessern sein; so ist Cap. V, 14 (28) χιλιάδας zu lesen für χιλιάδες, VI, 20 (21) 1°. 2°, XVII, 23 (2°) αὐτό für αὐτόν; was sonst noch in B. offenbar als Fehler anzusehen ist, wird theils im einzelnen bei der Untersuchung ersichtlich sein, theils bei der für später geplanten Untersuchung des Lucian, der Vet. Latina und der Varianten bei Holmes eingehender berücksichtigt werden.

Angesichts der Art der hier aufgezählten Fehler leuchtet es wohl jedem ein, wie verdienstvoll es wäre, wenn dem Wunsche Nestle's (L. C. Bl. Jahrg. 1888, Nr. 2 Sp. 41 f.,

1892, Nr. 9, Sp. 273/74) Rechnung getragen würde und in dem noch zu erwartenden dritten Bande der Ausgabe Swete's «anhangsweise einmal versucht würde, die Stellen zusammenzutragen, die fraglos durch Schreibfehler entstellt sind und deren Korrektur absolut sicher ist, ... gleichsam als weitere nützliche Vorarbeit für die von der Universität Cambridge geplante definitive Septuaginta-Ausgabe».

In gleicher Weise wie die eben angeführten Lücken, Glossen und Fehler in A. sind schliefslich auch orthographische (grammatische) und dialektische Verschiedenheiten zwischen B. und A. bei der folgenden Vergleichung als Varianten nicht in Betracht zu ziehen. Wir bemerken in dieser Beziehung Differenzen bezüglich der Vornahme oder Unterlassung der Elision, Assimilation, Reduplikation, Krasis, des Augmentes und der irregulären Setzung des ν ἐφελκυστικόν, A. zeigt eine besondere Vorliebe für Itacismen, für jonische und alexandrinische Formen, worauf bereits in Grabe's Aus-gabe (Prolegomena Cap. I Propositio XII, § 44) hingewiesen ist. In letzterer finden wir Prol. Cap. II, § 8, 9, 10 eine längere Auseinandersetzung bezüglich der Eigenheiten des Alexandrinus in der Schreibung und eine durch Beispiele aus den verschiedenen Büchern (des II. Bandes) illustrierte Einteilung. [Permutatae vocales (α et ε, ε et η, ε et ι, η et ι, υ et η, ο et ω) — Permutatae vocales et diphtongi (αι et ε, ει et ε, ει et ι, ω et οι) — Duplicatae consonae — Loco duplicatarum simplex consona — Consonantes adjectae (γ, κ et ν) — Consonantes permutatae (κ et χ, τ et ϑ, γ et κ)].

Dieser Hinweis dürfte genügen. Doch da vielleicht manchem das Auseinandergehen des Vaticanus und Alexandrinus in dieser Hinsicht interessant sein könnte, so soll hier eine möglichst vollständige Aufzählung dieser Lesarten für III Regum folgen (das ν ἐφελκυστικόν soll nicht hierbei berücksichtigt werden). Selbstverständlich wird hierbei auch Nestle's Appendix (Ax) in Swete's Ausgabe pag. 825/826 verwertet.

Cap. I.

B. A.
1. ἐθερμαίνετο] ἐθερμένετο (Ax.).
2. εἶπον] εἶπαν; ebenso XVIII, 24. 34; XX (XXI), 5. 39 (conf. Sturz, De dialecto Macedonica et Alexandrina Leipzig 1808, pag. 61).
38. ἐπεκάθισαν] ἐπεκάθεισαν.
45. βασιλέαν A. (B.₍ₐ₎).

Cap. II.

3. ἐντείλωμαι] ἐντείλωμε.
4. (ἵνα) στήσῃ] στήσει.
ἐξολοθρευθήσεται] ἐξολεθρευθήσεται; XV, 29 ἐξολεθρεῦσαι] ἐξολοθρεῦσαι; XXI (XX), 21 ἐξολεθρεύσω] ἐξολοθρεύσω.
8, 35 m. κατηράσατο] κατηρήσατο.
9. ἀθφώσῃς] ἀθοώσῃς B. A. (Ax.) (35⁰ ebenso).
κατάξεις] κατάξις (Ax.).
29. πέφευγας] πέφυγας.
35. στρατηγείαν] στρατηγίαν.
45. ηὐλογημένος] εὐλογημένος.

Cap. III.

6. ἔλεος] ἔλαιος (Ax.).
8. ἐν μέσῳ] ἐμμέσῳ (Ax.) conf. XI, 20 (Ax.).
9. συνιεῖν] συνιέναι.
17. οἰκοῦμεν] ᾠκοῦμεν conf. VIII, 65 ᾠκοδόμησεν] οἰκοδόμησεν; IX, 10 οἰκοδόμησεν] ᾠκοδόμησεν; XI, 38 οἰκοδόμησα] ᾠκοδόμησα; XI, 16 ἐξωλέθρευσεν] ἐξολέθρευσεν.

Cap. IV.

5. κατεσταμένων] καθεσταμένων.
25 (V, 9). χύμα] χύμμα. 29 (V, 13). ὑσσώπου] ὑσώπου, πετεινῶν] πετινῶν (Ax.).

Cap. VI.

13, (8). ἑλικτή] εἱλικτή. 17 (16). εἴκοσι] εἴκοσει (Ax.). 20 (21). συνκεκλεισμένῳ] συγκεκλισμένῳ (Ax.) B. A. 28 (29). ἐκκολαπτά] ἐκκολαμτά. 32 (34). ἐν] αἰν, πεύκινα] πεύκεινα (Ax.).

Cap. VII.

38 (1). ἔτη] αἴτεσιν. 46 (9). τιμίων] τειμίων (Ax.) (47, 48 item.). 49 (12). κεκολλημένης] κεκολαμμένης, κύκλως A.] κύκλοι B.

Cap. VIII.

63. ἐνεκαίνισεν] ἐνεκένισεν.

Cap. IX.

61 ἀποστραφῆτε] . . . ηται Ax.. φυλάξητε] . . . ται Ax., πορευθῆτε] . . . ηται, δουλεύσητε] . . . εται, προσκυνήσητε] . . . ηται (Ax.) conf. XII, 12 ἀναστράφητε] . . . ηται (Ax.). 7. ἀπορείψω] ἀπορρίψω. 9. δουλείας] δουλίας. 9. ἀντελάβοντο] . . . οντον. 9. ἐγκατέλιπον] . . . ελειπον; (conf. XI, 33 κατέλιπεν] . . . ειπεν, XII, 8 ἐνκατέλιπεν] ἐγκατέλειπεν, XV, 29 ὑπελίπετο] . . . ειπετο, XVII, 16 ἐξέλιπεν] . . . ειπεν, XIX, 10 ἐνκατέλιπον] ἐγκατέλειπον, 14 ἐγκατέλιπον] . . . ειπον, 20 κατέλιπεν] ειπεν). 11. εἴκοσι] εἴχοσι (Ax.), (27. θάλασσαν] θαλανσαν).

Cap. X.

1. βασίλισσα (alexandrinisch conf. Sturz a. a. O. pag. 151—153)] . . . εισσα item 4, 10, 13. ἐν αἰνίγμασιν] αἰν ἐνίγμασιν. 5. λειτουργῶν] λιτ . . . B. A. (Ax.). 6. ἀληθινός] ἀληθεινός (Ax.). 7. ἑωράκασιν] εορ . . . conf. XXI (XX) 29 ἑώρακας] εορακ . . . XXII, 17 ἑώρακα] εορ . . . 8. παρεστηκότες] παραστήκοντες, 12 ἐληλύθει] ελε . . . 15 πέραν] πέρα [1]), 29 (26) θήλειαι] θηλε . . . (Ax.).

---

[1]) conf. Kühner, Ausführliche Grammatik der Griech. Sprache I. Teil, 2. Aufl. Hannover 1868, § 229.

Cap. XI.

2. εἰσελεύσεσθε] . . . αι.
11. διαρρήξω] . . . ησω, 18 ἀνίστανται] . . . αντε (Ax),
27 συνέκλεισεν] . . . ισεν (Ax.), 29 πεδίῳ] παιδ. (Ax.) conf.
XVI, 4 (Ax.), 33 βδελύγματι] . . . ατη, 41 οὐκ ἰδού] οὐχ ἰδου
B. A. (Ax.).

Cap. XII.

16. ἡμῖν 2°] ὑμῖν, 24. οὐκ ἀναβήσεσθε] . . . εσθαι,
οὐδὲ πολεμήσετε] . . . μησαιτε, 27. ἀναφέρειν] . . . ριν (Ax.),
31. ἐφ' ὑψηλῶν] ἐπί ὁ . . . conf. XVII, 2 κατὰ ἀνατολάς]
κατ' α . . . XVIII, 31 κατ' ἀριθμόν] κατὰ ἀ . . .

Cap. XIII.

1. 25. XXII, 19 εἱστήκει] ἱστ . . ., 28. εἱστήκεισαν] ἱστ . . .
3. ῥήγνυται] ῥυγ . . . (Ax.), 4. συλλάβετε] . . . εται (Ax.),
12. δεικνύουσιν] δικ . . . (Ax.), 25 (XXII. 32. 33) εἶδον] ἴδον,
25. ἐρριμμένον] ἐρι . . . 30. ἀδελφέ αι, 33. ἐγένετο] ἐγείνετο.

Cap. XIV.

28. ἦρον] . . . αν, ἀπηρείδοντο] . . . ιδοντο (Ax), 29.
XV, 23 (Ax.) οὐκ ἰδού] οὐχ ἰδού Β. Α. (Ax.), 31 θάπτεται]
. . . ταιται (Ax.).

Cap. XV.

7. 23. ἐπὶ βιβλίῳ] . . . ιου, 23. δυναστεία] . . . ια (Ax.),
γήρως] γήρους (conf. XIV) (von γῆρος conf. Sturz, a. a. 0.
pag. 155.), 31. βασιλεῦσιν] . . . ευσειν? 33. (ἐν) ἔτει] αιτει
(Ax.), τέσσαρα] τέσσερα (conf. XIX, 8 τεσσεράκοντα] τεσσαρακ.)

Cap. XVI.

5. 20. 27. XXII, 46 οὐκ ἰδού] οὐχί?
16. ἔπαισεν] ἔπεσεν, 18. προκατείλημπται] . . . ηλημπται.

Cap. XVII.

3. κρύβηθι] . . . ηθει (Ax.), 9 πορεύου] . . . ευθητει,
12 (XIX, 6) καψάκη] καμψάκη, ξυλάρια] ξυλήρια, 13. ἐξείσεις]
. . . σις (Ax.), ἐλαττονώθη] . . . ήθη, 21. τρίς] τρεῖς (ersteres
richtig).

Cap. XVIII.

5. (γῆν B.) παιδίον f. πεδίον A., 12. (ἀρεῖ)σε] . . . σαι (Ax.), 13. ἀποκτείνειν] ἀποκτέννειν, 21. χωλανεῖτε] . . . ιτε (Ax.), πορεύεσθε] . . . αι, 25. ἐπιθῆτε] . . . αι, ἐκλέξασθε] . . . αι, 29. προσοχθισμάτων] . . . θεισματ (Ax.), μετάστητε] . . . ται (Ax.), 29 (XIX, 2) καὶ ἐγώ] κἀγά, 30. προσαγάγετε] . . . ται (Ax.), 34. ἐπιχέετε] . . . ται (Ax.), 40. συλλάβετε] . . . ται (Ax.), 38. ἐξέλιξεν] . . . ειξεν, 43 (44). ἑπτάκι] ἑπτάκις (conf. G. Meyer, Griech. Gramm., 2. Aufl., Leipzig 1886, pag. 296 — Anm. nach Baunack, K. Z., 25, 243 — κι ursprünglich, κις Analogiebildung nach δίς, τρίς), 45 ἔκλαεν] ἔκλαιεν.

Cap. XIX.

6. ὀλυρείτης] ὀλυρίτης, 7. ἀνάστα] . . . στηθει, 10 (14) παντοκράτορι] . . . ρορει (Ax.), ὑπολέλειμμαι] . . . λιμμε (Ax.), 11. συνσεισμῷ] συσσ . . . item 12 (Ax.), 14. ὑπολέλιμμαι] . . . λειμμαι B. A. (Ax.).

15. χρίσεις] χρήσεις, 21. ἐλιτούργει B.] ἐλειτούργει B. [a. b] A. (Ax.).

Cap. XX (XXI B.).

6. ἐρευνήσουσιν] ἐραυ . . ., 7. γνῶτε] . . . ται, ἴδετε] . . . ται (Ax.), 10. πεζοῖς] παιζοῖς (Ax.), 15. πᾶν υἱόν (conf. Nestle, Septuagintast. pag. 11)] πάντα υἱόν A., 17 (19) χορῶν] χωρῶν, 25. δύναμιν] . . . μειν (Ax.), 30 (XXII, 25) ταμεῖον] . . . ιειον, 32. ἔθεσαν] ἔθηκαν, 33. ἐσπείσαντο] ἐσπίσαντο (Ax.), 38. τελαμῶνι] ταλαμῶνι, 39. στρατείαν] . . . ιαν, 43. συνκεχυμένος] συγκεχυμένος B. [a. b.] A. (Ax.).

Cap. XXI (XX).

9. νηστείαν] . . . ιαν, 18. καταβέβηκεν] κατέβηκεν, 21. ἐνκαταλελειμμένον] ἐγκατ . . ., 24. πεδίῳ] παιδίῳ (Ax.).

Cap. XXII.

3. ἡμεῖς] . . . ις (Ax.), 6. ὡς] ὥστε, ἐπέχω] . . . ισχω, διδούς] . . . ως, 10. πύλαις] πυλεσιν? 12. ἐπροφήτευων] προεφήτευον (conf. Kühner a. a. O. pag. 516, Anm. 1. 22)

δυνησει] ... η, 26. λάβετε] ... ται, 31. πολεμεῖτε] ... ιται (Ax.), 31. δυσίν ((jonisch) bei Hippokrates, spät attisch und seit Aristoteles in der κοινή Meyer, a. a. O., pag. 374, Kühner, pag. 487)] δύο, 41. ἔτει] ετι (Ax.), 46. δυναστεῖαι] ... ιαι.

Bei der nun anzustellenden Textvergleichung zum Zwecke der Feststellung des Verhältnisses des Alexandrinus und Vaticanus zur hexaplarischen Recension dürften für eine übersichtliche und geordnete Einteilung des sich darbietenden Beweismaterials die Gesichtspunkte mafsgebend sein, nach denen Origenes bei der Bearbeitung der Septuaginta nach dem hebräischen Original seiner Tage, dem er dieselbe zu conformieren beabsichtigte, verfuhr. Letzterer machte nun sein Verfahren teils äufserlich durch die von den alexandrinischen Grammatikern bereits eingeführten Zeichen, den Obelus und Metobelus (÷ ⸖) bezw. den Asteriskus nnd Metobelus (※ — ⸖) — womit er einerseits das Ueberschüssige des griechischen gegenüber dem hebräischen Texte andererseits seine eigenen Ergänzungen der Defekte des Griechen gegenüber dem Hebräer aus anderen Uebersetzungen bezeichnete — kenntlich[1]), teils verfuhr er in seinen oft durchgreifenden Verbesserungen, besonders bezüglich der Anordnung der äufseren Textgestalt, der Wortstellung und der Eigennamen stillschweigend, ohne seine Aenderungen des ihm vorliegenden von M. abweichenden griech. Textes äufserlich anzuzeigen. Hiernach teilt sich der für die zu lösende Aufgabe zu Gebote stehende Stoff, sachgemäfs in zwei Teile, von denen der erste die mit hexaplarischen Zeichen versehenen Lesarten in p., insofern sie A. bezw. B. aufweist oder nicht, der zweite die sonstige (in A. mit p. gegen B. übereinstimmende) Textgestalt behandelt.

---

[1]) Lemniscus und Hypolemniscus kommen für uns hier nicht in Betracht.

1. Die in p. mit hexaplarischen Zeichen versehenen Lesarten.

Da Field die mit Obelen oder Asterisken von Origenes bezeichneten Stellen in seinen Hexaplafragmenten unter steter Berücksichtigung der Syro-Hexaplaris (in seinem kritischen Apparat) anführt, so bedarf dieser erste Teil nicht der besonderen Textangabe dieser syrischen Uebersetzung. Daher soll p. nur in zweifelhaften Fällen oder wo durch eine möglichst sorgfältige Nachprüfung des von Lagarde edierten Textes Abweichungen von den Angaben Field's bemerkt wurden, besonders berücksichtigt werden.

a) Obelen.

Die Zahl der durch p. bezeugten Lesarten in III Regum, welche Origenes mit dem Obelus versehen hat, beträgt 301, wenn wir die 6 von Field übersehenen Stellen (conf. früher) mitzählen. Es finden sich allerdings noch an 5 Stellen in p. L. Zeichen, über welche Field nichts verlauten läfst. So zuvörderst an drei Stellen Obelen (bei zweien fehlt der Metobelus), die aber wohl fälschlich in den Text gesetzt sein dürften, da M. an den betreffenden Stellen kein Minus zeigt; conf. Cap. IV, 11 p. L. = ÷כלה, M. = כָּל; Cap. XV, 19 p. L. = ÷פלהד, M. = הָפָרָה; Cap. XV, 32 p. L. = ÷כלהון יומתא דילהון ⸓, M = כָּל־יְמֵיהֶם[1]). — Sodann findet sich an 2 Stellen nur der Metobelus. — Dafs hier der Obelus gestanden, ist aus demselben Grunde wie in den ersten Fällen ausgeschlossen. Schwerlich ist hier der Ausfall des Asteriskus anzunehmen, da neben A. *auch B.* keinen Defekt hier zeigt. Diese Stellen sind:

---

[1]) In dem jetzt vorliegenden Texte (Lagarde, Bibliothecae Syriacae etc. conf. S. 32 Anm 1.) ist Cap. IV, 11 und XV, 19 der Obelus gar nicht vorhanden, III, 10 und XVIII, 41 der Metobelus im Texte ausgemerzt, aber in d. Anm. als in der Handschrift vorhanden bezeichnet. Das letztere gilt in gleicher Weise XVIII, 38 von dem Obelus und XXI (XX) 16 von dem Metobelus, die bereits früher erwähnt wurden.

Cap. III, 10 p. L. ⋗מריא קדם, M. = בְּעֵינֵי אֲדֹנָי, A. B. = ἐνώπιον κυρίου. Cap. XVIII, 41 p. L. = ⋗סק, M. = עָלָה, A. B. = ἀνάβηθι. Also dürften auch hier Fehler vorliegen. Vgl. Anm. 1 Seite 49.

Von den 301 obelisierten Stellen finden sich in A. 289 und in B. 288 und zwar fehlen in A. und B. gemeinschaftlich 4, aufserdem in A. 8 und in B. 9, was jedenfalls für eine überaus nahe Verwandtschaft beider Handschriften mit der hexaplarischen Recension beweisend ist. Von Abweichungen bei den in A. und B. vorhandenen Lesarten wäre nur zu bemerken, dafs Field den in p. falsch gesetzten Obelus Cap. XX (B. XXI) 42 ⋗אידיא דילי ÷ מן richtig stellend ÷ἐκ χειρῶν μου⋗ liest, während B. ἐκ χειρός σου und A. ἐκ χειρός μου hat.

Bei der sonst herrschenden Uebereinstimmung zwischen A., B. und p. ist es nicht erforderlich, die obelisierten Lesarten sämtlich hier anzuführen, da diese Anführung nichts weiter als ein Excerpt aus Field's Hexapla wäre. Dagegen sollen die bereits erwähnten (21) in A. oder B. oder in beiden gemeinschaftlich fehlenden Stellen aufgezählt werden.

In A. fehlt.

Cap. IV, 8 ÷εἰς⋗ (Field merkt das Fehlen von εἰς in A. nicht an.)

Cap. X, 12 ÷ἐπὶ τῆς γῆς [÷] που⋗ (Nach p. ist zu lesen πελεκητὰ οὐδέ ὤφθησαν ÷ ἐπὶ τῆς γῆς που⋗. B. liest πελεκητὰ ἐπὶ τῆς γῆς, οὐδὲ ὤφθησάν που. In A. fehlen die Worte πελεκητὰ . . . . ωφθησαν.)

Cap. XII, 2 ÷καὶ κατευθύνει καὶ ἔρχεται . . . . Αἰγύπτου⋗ conf. das S. 34 ff. über die Homoeoteleuta Ausgeführte.

Cap. XIII, 31 ÷τούτῳ⋗.

XIV, 26 ÷πάντας⋗.

XVIII, 14 ÷μοι⋗.

XX (XXI), 21 ÷πάντας⋗.

XXII, 53 (÷)οἴκου⋗.

In B. fehlt.

Cap. I, 17 ÷βασιλεῦ<.
47 ÷τοῦ υἱοῦ σου<.
II, 12 ⸓υἱὸς ἐτῶν δώδεκα< (υἱός_∧ A.).
29 ⸓ὁ βασιλεύς<.
V, 3 (Sw. B. IV, 23) ÷ἐκλεκτὰ ἐκλεκτῶν<. (Nur ἐκλεκτῶν_∧ B.).
XIII, 1 ÷αὐτοῦ<.
XVIII, 21 ⸓αὐτός<.
XIX, 19 ζεύγη ÷ βοῶν< (A._∧ ζεύγη).
XXII, 7 ÷Σ. οὐδὲ< ἔτι. [So giebt Field p. = ÷ם ולא/חוב wieder. A. liest dagegen οὐκέτι.]
In A. und B. fehlt.
Cap. V, 14 (Sw. B. IV, 30) ÷καὶ ἐλάμβανε δῶρα< [A. u. B. lesen nur καί. p. = /הוא מוהבחא ÷וישקל. Im Lucian finden sich diese Worte und auch S. giebt sie wieder durch ומקבל הוא קורבנא. Vielleicht ist p. durch S. beeinflufst oder liegt in A. B. ein Homoeoteleuton vor, da (nach δῶρα) καὶ παρά in beiden Codices steht.(?)]
Cap. XIII, 17 ⸓ἐκεῖ< [p. = ⸓תמן] nach ὕδωρ.
Cap. XVIII, 37 ἐν πυρί ⸓μου< [p. = ⸓בנורא דילי/]. In A. und B. fehlen die Worte wohl infolge eines Homoeoteleuton, da ἐπάκουσόν μου vorhergeht; conf. V. 36, wo B. allein ἐν πυρί liest.
Cap. XXI (B. XX), 20. 21 ⸓τάδε λέγει κύριος<. p. liest am Schlufs von Vers 20 mit fehlerhafter Zeichensetzung /הלין אמר ⸓ מריא. — Diese Aufzählung läfst uns zur Genüge erkennen, wie wenig die fehlenden obelisierten Lesarten, welche zumeist nur einzelne Worte betreffen, gegenüber der grofsen Anzahl der vorhandenen besagen, um bei irgend einem für das Verhältnis von A. und B. zu fassenden Ergebnis von Bedeutung zu sein.

b) Asterisken.

Trotzdem Field die mit dem Asteriskus in p. versehenen Lesarten sämtlich anführt, ist eine Aufzählung derselben hier unerläfslich und zwar nicht nur der besseren Uebersicht wegen, da ja bezüglich des Besitzes dieser hexaplarischen Einschiebsel A. und B. völlig von einander abweichen, sondern auch deshalb, weil Field's Text durchaus nicht immer identisch ist mit dem unserer griechischen Handschriften. Das Verhältnis nun, das zwischen A. und B. in diesem Punkte besteht, ist derart, dafs mit geringen Ausnahmen A. völlig von asteriscierten Lesarten durchsetzt und B. von ihnen frei ist. Daher ist es in folgender Aufzählung ebensowenig erforderlich, in jedem einzelnen Falle anzuzeigen, dafs in A. eine Lesart vorhanden ist, wie, dafs sie in B. fehlt. Dagegen sollen die Ausnahmen in A. und B. stets angemerkt werden; ebenso werden die Abweichungen im Texte Field's von A. (bezw. B.) stets ihre Berücksichtigung finden.

Cap. I.

2. ※ αὐτῷ〈 ∧A.
καὶ παραστήσεται τῷ βασιλεῖ ※ Θ. ἔμπροσθεν αὐτοῦ〈 [So übersetzt Field die Worte in p. ׳וחקים למלכא ת קדמוהי ※ — A. hat καὶ παραστήσεται ἐνώπιον τῷ βασιλεῖ. Lucian ἔναντι τοῦ βασιλέως, beide Lesarten sind jedenfalls wohl hexaplarisch, denn B. liest nur τῷ βασιλεῖ.]
9. ※ Σ. Θ. τοὺς υἱοὺς τοῦ βασιλέως〈.
17. ※ αὐτῷ〈 ∧A.
35. ※ Θ. καὶ ἀναβήσεσθε ὀπίσω αὐτοῦ καὶ εἰσελεύσεται〈.
40. ※ ὁ λαός〈. ∧A.
43. ※ Οἱ Γ΄. τῷ Ἀδωνίᾳ〈.
47. ※ σου〈. ∧A.

Cap. II.

3. ※ Σ. Θ. καὶ τὰ μαρτύρια αὐτοῦ〈.
※ πάντα〈. ∧A.
5. ※ ἐν εἰρήνῃ, καὶ ἔδωκεν αἷμα ἀθῶον〈.
14. ※ Ἀ. καὶ εἶπεν〈.
26. ※ καί〈. ∧A.

29. ※ τῷ βασιλεῖ‹. ˏΑ.
34. ※ Θ. καὶ ἀνέβη Βαναίας υἱὸς Ἰωδαέ‹.
42. ※ Θ. καὶ εἶπάς μοι· ἀγαθὸν τὸ ῥῆμα, ὃ ἤκουσα(‹).

Cap. III.

※ Σ. τῆς δὲ βασιλείας ἑδρασθείσης ἐν χειρὶ Σαλωμὼν, ἐπιγαμίαν ἐποιήσατο Σαλωμὼν πρὸς Φαραὼ βασιλέα Αἰγύπτου‹.
3. ※ Ἀ. Θ. αὐτός‹.
4. ※ Ἀ. Σ. ὁ βασιλεύς‹.
※ Ἀ. Σ. ἐκεῖνο‹.
6. ※ Ἀ. Σ. καθήμενον‹.
8. ※·¹) καὶ οὐ ψηφισθήσεται ἀπὸ πλήθους(‹).
10. ※ Σ. ὁ λόγος‹.
11. ※ Α. Σ. σεαυτῷ‹.
13. ※ Σ. πάσας τὰς ἡμέρας σου‹.
18. ※ Α. ἐν τῷ οἴκῳ‹.
20. ※ καὶ ἡ δούλη σου ὕπνου‹.
22. ※ ἀλλὰ (Α ἀλλ' ἢ) ὁ υἱός σου ἐστὶν ὁ νεκρός, υἱὸς δὲ ἐμὸς ὁ ζῶν. ἡ δὲ ἄλλη καὶ αὐτὴ ἔλεγεν· οὐχί.‹
26. ※ Α. Σ. τὸ ζῶν.‹
ἧς ὁ υἱὸς ※ αὐτῆς‹. Α.ˏ αὐτῆς.
27. ※ Ἀ. Σ. αὐτῇ(‹).

Cap. IV.

1. ※ πάντα‹. ˏΑ.
2. ※ Α. Σ. Θ. ὁ ἱερεύς‹.
4. ※ Θ. καὶ Βαναίας υἱὸς Ἰωδαὲ ἐπὶ τῆς δυνάμεως‹. (Α. liest Ἰωιαδαέ und στρατείας.)
5. ※ Α. Σ. ἱερεὺς(‹).
13. ※ αὐτῷ (+ ὁ Α.) Αὐὼθ Ἰαεὶρ (Ἰαρεὶρ Α.) υἱοῦ Μανασσῆ Γαλαάδ‹.
p. liest דילה חבל יאיר (αὐτοῦ σχοίνισμα Ἰαίρ) = S. conf. früher.
16. 17. ※ ἐν Ἀσὴρ καὶ ἐν Βααλὼθ. Ἰωσαφὰτ υἱὸς

---

¹) conf. Field, Lectio Aquilam sapit.

Φαρουέ⟨ (Α. 1. Μααλώτ — Φαρρου). Field giebt für p. die Lesart ἐν Μααλώθ an, während p. L. בבעלות hat.

20, 21 (Μ. V, 1) ※ 'Α. Σ. καὶ Ἰούδα[1]) καὶ Ἰσραὴλ πολλοὶ ὡς ἡ ἄμμος ἡ ἐπὶ τῆς θαλάσσης εἰς πλῆθος, ἔσθοντες καὶ πίνοντες καὶ εὐφραινόμενοι. καὶ Σαλωμὼν ἦν ἐξουσιάζων ἐν πᾶσιν τοῖς βασιλείοις, ἀπὸ τοῦ ποταμοῦ γῆς ἀλλοφύλων καὶ ἕως ὁρίου Αἰγύπτου· προσεγγίζοντες δῶρα, καὶ δουλεύοντες τῷ Σαλωμὼν πάσας ἡμέρας ζωῆς αὐτοῦ⟨.

24 (V, 4) ※ ἀπὸ Θαψὰ καὶ ἕως Γάζης (ᴧΑ.) ἐν πᾶσιν βασιλεῦσιν πέραν τοῦ ποταμοῦ⟨.

p. liest für Θαψά תהפסים = S.

30 (V, 10) ※ οἱ Γ' σοφία⟨ (Α. praem. ἡ).

32 (V, 11) (※) καὶ ἦν ὀνομαστὸς ἐν πᾶσιν τοῖς ἔθνεσιν κύκλῳ⟨.

Cap. V.

3 (17) ※ 'Α. Σ. Θ. κύριον⟨.

6 (20) ※ ἔστωσαν⟨.

(※) σου⟨ (p. 1. nur den Metobelus. B. hat σου, während in Α. σου fehlt und wohl eine Verderbnis vorliegt, da Α. für δουλείας σου δώσω — δουλίας δουλεύσω liest.)

8 (22) ※ Σ. Θ. Χειράμ⟨.

9 (23) ※ 'Α. καί⟨.

※ μου⟨ hat auch B.

10 (24) ※ καὶ πεύκας⟨.

13 (27) ※ 'Α. Σ. Σαλωμών⟨.

16 (30) ※ τοῦ λαοῦ⟨.

18 (32) ※ 'Α. καὶ οἱ Βίβλιοι⟨. B. liest nach VI, 1 fehlerhaft καὶ ἔβαλαν αὐτούς.

※ 'Α. τοῦ οἰκοδομῆσαι τὸν οἶκον⟨. ᴧΑ.

---

[1]) In A. fehlt καὶ Ἰούδα, jedenfalls infolge des vorhergehenden ἐν γῇ Ἰούδα.

Cap. VI.

Hebr. 3 (Sw. 7) ※ τοῦ οἴκου⳹.
5 (10) ※ Θ. σὺν τοίχοις (A. τύχοις) τοῦ οἴκου κυκλόθεν⳹.
※ καὶ ἐποίησε πλευρὰς κυκλόθεν⳹.
6 (11) ※ καὶ τῆς μέσης (A. τὸ μέσον) ἓξ πήχεων τὸ (A.ᴧ τὸ) πλάτος⳹ (p. מציעתא = S.)
(B. hat nur καὶ τὸ μέσον ἕξ.)
9 (14) ※ φατνώσεσιν καὶ διατάξεσιν⳹.
12 ※ 'A. Σ. Θ. σὺν σοί⳹.
15 (16) ※ 'A. Σ. Θ. ἔσωθεν⳹.
17—19 ※ 'A. Σ. Θ. ὁ οἶκος αὐτός (A. οὗτος)⳹. p. liest nur ὁ οἶκος (הו ביתא). ὁ ναός. ※ ὁ ἐσώτατος. 18 καὶ διὰ κέδρου πρὸς τὸν οἶκον ἔσω πλοκὴν ἐπαναστάσεις καὶ πέταλα καὶ ἀνάγλυφα πάντα κέδρινα· οὐκ ἐφαίνετο λίθος⳹. (Field führt für A. (III) fälschlich ἐπαναστήσεις als Lesart an. Dagegen conf. Swete's Ausg. und Nestle's Collationen pag. 41.)

p. weicht von καὶ διὰ κέδρου — ἐπαναστάσεις in der Uebersetzung vollständig ab; die ersten Worte καὶ — ἔσω stimmen fast wörtlich mit S. überein. p. = ובזד ארזא וארזא קרים הוא ביתא מן לגו. S. = קרים הוא ביתא מן לגו.
Field stellt hierzu den griech. Text her: καὶ διὰ κέδρων περιεκάλυπτο ὁ οἶκος ἔσω. — Für πλοκὴν ἐπαναστάσεις hat p. גדילתא וקימתא דנליפן ונגידן בטורנום, was Field mit πλοκαὶ καὶ ἐπαναστάσεις, γλυπτὰ καὶ τορευτά übersetzt; jedenfalls ist dies eine Doppelübersetzung. Die zweite Uebersetzung hat Aehnlichkeit mit der von 'A. Θ. διατετορευμένα ξυστρωτά.

19 (Swete 18) ※ 'A. Σ. Θ. ἡτοίμασεν⳹.
20 (19) ※ Θ. καὶ εἰς πρόσωπον τοῦ δαβείρ⳹.
※ 'A. Σ. Θ. κέδρινον (s. κέδρου A.)⳹
21 (20) ※ καὶ περιεπίλησε(ν) Σαλωμὼν τὸν οἶκον ἔνδοθεν χρυσίῳ ἀποκλείστῳ (A. ἀποκλίστῳ) καὶ παρήγαγεν ἐν καθηλώμασιν χρυσίου(⳹). p. liest für ἀποκλείστῳ סנינא (ἄπυρος) = S.

22 (21) ※ καὶ ὅλον τὸ ἔσω τοῦ δαβεὶρ ἐπετάλωσεν χρυσίῳ≺.

23 (22) ※ ξύλων κυπαρισσίνων (Α. κυπαρισίνων)(≺).

24 (23) ※ πτερύγιον (ιων Α.) αὐτοῦ τὸ ἕν, καὶ πέντε πήχεων≺.

24, 25 (23) ※ καὶ ἕως μέρους πτερυγίου αὐτοῦ. καὶ δέκα ἐν πήχει≺.

25 (24) ※ τοῖς χερουβίμ (Λ. χερουβείν)≺.

27 (26) ※ καὶ ἔθηκεν≺.

※ Ἀ. Σ. Θ. ἡ πτέρυξ≺.

※ Ἀ. Σ. Θ. τοῦ χεροὺβ τοῦ δευτέρου≺.

29 (28) ※ Ἀ. Θ. καὶ περίγλυφα ἐγκύπτοντα≺.

Cap. VII.

1 (B. 38) ※ καὶ συνετέλεσεν ὅλον τὸν οἶκον αὐτοῦ≺ für B. conf. v. 50.

2 (39) ※ καὶ τριάκοντα πήχεις (Α. πηχων bei Field nicht angeführt) ὕψος αὐτοῦ≺.

6 (43) ※ Ἀ. Σ. Θ. ἐποίησε(ν)≺.

※ καὶ αἰλάμ≺ (Α. Β.ᴧ καὶ).

Field vermutet wohl mit Recht, daſs (אלם ו ※) ※ καὶ≺ αἰλάμ zu lesen ist.

7 (44) ※ Ἀ. ἐποίησεν, καὶ ὠρόφωσεν ἐν κέδρῳ ἀπὸ τοῦ ἐδάφους ἕως τοῦ ἐδάφους≺.

9 (46) ※ μέτρον ἀπελεκήτων≺.

※ Ἀ. Σ. Θ. καὶ ἔξωθεν≺.

Cap. VIII.

62 ※ μετ' αὐτοῦ≺.

63 ※ καὶ προβάτων ἑκατὸν καὶ (Α.ᴧ καὶ) εἴκοσι χιλιάδας≺.

64 ※ Ἀ. Σ. καὶ τὸ δῶρον≺.

65 ※ Ἀ. καὶ ἑπτὰ ἡμέρας, τεσσαρεσκαίδεκα ἡμέρας≺.

66 ※ Θ. πᾶσιν≺.

Cap. IX.

2 ※ Ἀ. Θ. αὐτῷ≺.

4 (※) Ἀ. Σ. σύ≺. (B. hat auch σύ.)

9 ※ γῆς< ͜A.
※ Ἀ. πᾶσαν (Α. σύμπασαν<.)
10 (Swete 9) ※ Ἀ. καὶ ἐγένετο<.
11 ※ Ἀ. Σ. Σαλωμών<.
[13 ※ μου(<) ͜A. p. liest (μου) דילי in margine.]
18 (※) καὶ τὴν Βαλάθ<.
(※) Ἀ. Σ. τὴν ἐν τῇ γῇ τῆς ἐρήμου<.
So übersetzt Field die Worte in p., welche lauten
א ס דבארעא מדברא>, indem er mit S. דבארעא דמדברא liest.
A. hat ἐν τῇ ἐρήμῳ καὶ ἐν τῇ γῇ.
19 ※ τῶν σκηνωμάτων, αἳ ἦσαν τῷ Σαλωμών, καὶ τὰς πόλεις<.
※ Ἀ. Σ. καὶ ἐν τῷ Λιβάνῳ<.
21. ※ Ἀ. δουλείας<.
22 ※ Ἀ. καὶ ἄρχοντες αὐτοῦ, καὶ τρισσοὶ αὐτοῦ<.
23 ※ A. οὗτοι οἱ ἄρχοντες οἱ ἐστηλωμένοι οἱ ἐπὶ τοῦ ἔργου τοῦ Σαλωμὼν πεντήκοντα καὶ πεντακόσιοι, οἱ (A.͜ οι, wohl ausgefallen durch den Schlufs des vorhergehenden Wortes) ἐπικρατοῦντες ἐν τῷ λαῷ, οἱ ποιοῦντες ἐν τῷ ἔργῳ. (24) πλὴν θυγάτηρ Φαραὼ ἀνέβη ἐκ πόλεως Δαυὶδ πρὸς οἶκον αὐτῆς ὃν ᾠκοδόμησεν αὐτῇ. τότε ᾠκοδόμησε. (Die letzten drei Worte fehlen in A., jedenfalls durch Homoeoteleuton) σὺν τὴν Μελώ.
(25) καὶ ἀνεβίβαζεν (ἀνεβίβασεν A.) Σαλωμὼν τρεῖς καθόδους ἐν τῷ ἐνιαυτῷ ὁλοκαυτώματα (A. ὁλοκαύτωμα) καὶ εἰρηνικὰς ἐπὶ τοῦ θυσιαστηρίου ὃ (A. ὃν) ᾠκοδόμησεν τῷ κυρίῳ καὶ ἐθυμία αὐτὸ τὸ (A. αὐτός Field giebt dies nicht an) εἰς πρόσωπον κυρίου· καὶ ἀπήρτισεν σὺν τὸν οἶκον<.

Cap. X.

7 ※ σοφίαν καὶ<.
[15 ※ τῶν ἀνδρῶν(<) (so liest p. allein in margine signo non addito דנברא ※.)]
15 ※ Ἀ καὶ τῶν ῥωποπωλῶν< (A.͜ καὶ und l. ῥοποπωλῶν).

16 ⚬ Ἀ. Σ. ὁ βασιλεύς(⚬).
21 ⚬ Ἀ. εἰς ὁτιοῦν⚬.
22 ⚬ Ἀ. αἴρουσα(⚬) χρυσόν, so übersetzt Field die Worte א דשקילא דהבא ⚬ in p. — A. und B. haben nur χρυσίου.
25 (B. 28) ⚬ Ἀ. Σ. Θ. σκεύη ἀργυρᾶ καὶ(⚬).
26 (B. 29) ⚬ καὶ συνέλεξε Σαλωμὼν ἅρματα καὶ ἱππεῖς(⚬) (A. ἵππους, was Field nicht anführt).
29 (B. 33) ⚬ ἑκατόν⚬ ᴧA., woselbst eine Lücke, veranlaſst durch Homoeoteleuton vorliegt. ἀργυρίου : > ..... ἀργυρίου (conf. S. 34).

Cap. XI.

1 ⚬ Οἱ Γ'. πολλάς⚬.
3 ⚬ Ἀ. καὶ ἔκλιναν (A. ἔκκλιναν) γυναῖκες αὐτοῦ τὴν καρδίαν αὐτοῦ(⚬).
7 (B. 5) ⚬ Ἀ ἐν τῷ ὄρει ὃ ἐπὶ πρόσωπον Ἰερουσαλήμ⚬.
18 ⚬ Σ. ἀπὸ Φαράν(⚬).
⚬ Σ. Θ. εἰς Αἴγυπτον⚬.
⚬ Ἀ. Σ. καὶ γῆν ἔδωκεν αὐτῷ⚬.
20 ⚬ Ἀ. ἐν οἴκῳ Φαραώ⚬ (ᴧA. infolge der Lücke durch Homoeoteleuton Φαραώ : > ..... Φαραώ).
24 ⚬ ἐν τῷ ἀποκτέννειν Δαυὶδ αὐτούς· καὶ ἐπορεύθησαν εἰς Δαμασκόν (A.ᴧ εἰς p. לדמסקום), καὶ ἐκάθισαν ἐν αὐτῇ· καὶ ἐβασίλευσεν (so p. u. S. ואמלך, dagegen A. ἐβασίλευσαν = M. וַיִמְלְכוּ) ἐν Δαμασκῷ. (25) καὶ ἐγένετο ἀντικείμενος τῷ Ἰσραὴλ πάσας τὰς ἡμέρας Σαλωμών⚬. In B. steht zwischen 14a und b nur hierfür καὶ προκατελάβετο τὴν Δαμάσεκ. καὶ ἦσαν σατὰν τῷ Ἰσραὴλ πάσας τὰς ἡμέρας Σαλωμών.
26 ⚬ Ἀ. καὶ ὄνομα τῆς μητρὸς αὐτοῦ Σαρουά (p. צרובא), γυνὴ χήρα⚬.
⚬ καὶ ὕψωσεν χεῖρα ἐν τῷ βασιλεῖ⚬.
31 ⚬ Θ. σκῆπτρα⚬ (so l. B., A. dagegen ῥήγματα, jedenfalls durch das vorhergehende ῥήγματα veranlaſst).

33 ※ 'A. καὶ διακριβείας μου καὶ κρίσεις μου(≺). (A. fehlerhaft κρεις f. κρισεις.)
34 ※ 'A ὃς ἐφύλαξεν ἐντολάς μου καὶ ἀκριβασμόν μου (A. ͜ μου wohl durch μον vorher).
38 ※ ('A.) καὶ δώσω σοι τὸν Ἰσραήλ. καὶ κακουχήσω τὸ σπέρμα Δαυίδ (A. l. hier fälschlich Ἰσραὴλ gegen p. u. M.) διὰ ταύτην, πλὴν οὐ πάσας τὰς ἡμέρας≺.
40 ※ 'A. Σ. Ἱεροβοάμ≺.
42 ※ ἐπὶ πάντα Ἰσραήλ≺.

Cap. XII.

3 ※ 'A. καὶ ἀπέστειλαν, καὶ ἐκάλεσαν αὐτόν· καὶ ἦλθεν Ἱεροβοάμ, καὶ πᾶσα ἡ ἐκκλησία Ἰσραήλ≺.
6 ※ Ὁ Ἑβραῖος· Ῥοβοάμ≺.
7 (※) 'A. Σ. καὶ εἴξεις αὐτοῖς≺. (A. fehlerhaft εἰξις.)
16 ※ Σ. Θ. λόγον≺.
※ 'A. αὐτοῦ≺ (so l. auch B.).
17 ※ ('A.) καὶ υἱῶν Ἰσραὴλ τῶν καθημένων ἐν πόλεσιν Ἰούδα, καὶ ἐβασίλευσεν ἐπ' αὐτῶν Ῥοβοάμ≺.
18 ※ 'A. Σ. Θ. Ῥοβοάμ≺.
※ ἐπὶ τὸ ἅρμα≺.
27 ※ 'A. Σ. Θ. τούτου≺ ͜A.
※ 'A. καὶ ἐπιστραφήσονται πρὸς Ῥοβοὰμ βασιλέα Ἰούδα≺.
28 ※ 'A. Σ. Θ. ὁ βασιλεύς≺ (so auch B.).
33 ※ 'A. Σ. ἐν Βαιθήλ≺.

Cap. XIII.

6 ※ 'A. Θ. καὶ πρόσευξαι περὶ ἐμοῦ≺.
11 ※ καὶ≺ (τοὺς λόγους) A.͜ καί, ebenso B., was Field, da er nach der Ed. Sixtina, die καί liest, citiert, nicht anführt.
15 ※ Σ. Θ. εἰς τὴν οἰκίαν≺.
16 ※ οὐδὲ ἐλθεῖν μετὰ σοῦ≺ (͜A., jedenfalls durch Homoeoteleuton, da μετὰ σοῦ vorhergeht). (conf. S. 35.)
19 ※ σὺν αὐτῷ≺ (A. σὺν ἑαυτῷ).
23 ※ 'A. Σ. τῷ προφήτῃ≺.

26, 27 ※ 'Α. Θ. καὶ ἔδωκεν αὐτὸν ὁ κύριος τῷ λέοντι, καὶ συνέτριψεν αὐτόν, καὶ ἐθανάτωσεν αὐτόν, κατὰ τὸ ῥῆμα κυρίου ὃ ἐλάλησεν αὐτῷ. καὶ ἐλάλησε πρὸς τοὺς υἱοὺς αὐτοῦ, τῷ λέγειν· ἐπισάξατέ μοι τὸν (Α. τὴν) ὄνον. καὶ ἐπέσαξαν＜. (Field führt diese Stelle für A. nicht an.)

29 ※ καὶ ἦλθεν＜.

※ τοῦ προφήτου τοῦ πρεσβυτέρου τοῦ κόψασθαι καὶ τοῦ θάψαι αὐτόν. καὶ ἀνέπαυσεν τὸ νεκριμαῖον αὐτοῦ＜.

32 ※ πάντας＜ (Α.∧ πάντας).

Cap. XIV.

Vers 1—20 fehlt in B. an dieser Stelle (innerhalb des langen Zusatzes nach Cap. XII, 24 findet sich in B. dieses Stück in gänzlich veränderter Gestalt), während A. uns mit geringen Abweichungen den Text bietet, welcher in p. mit dem Asteriskus versehen ist und, wie ein Scholion in dieser Uebersetzung am Rande bezeugt, aus Aquila stammt. Da der Text des Alexandrinus in allen Handausgaben sich findet, so ist es nicht nötig, ihn hier vollständig zu wiederholen. Daher sollen nur die Differenzen zwischen dem Texte Field's bezw. der Syrohexaplaris und dem in A. hier folgen.

Field. — (p.)	A.
2 Ἱεροβοάμ	praem. ὁ
ἰδού	„ καί
ἐπ' ἐμέ (עלי p.)	ἐμέ
3 κολλύρια (קולרא)	κολλύριδα
ἀναγγελεῖ	ἀναγγείλῃ
4 οὕτω ἡ γυνή	οὕτως γυνή
εἰς τὸν οἶκον (לביתא)	ἐν οἴκῳ

[Field führt zu πρεσβύτερος τοῦ ἰδεῖν, wie er in Uebereinstimmung mit A. liest, Anm. 14 die Lesart in p. קשיש דלמחזא מן הוא mit den Worten »invitis ceteris« an, indem er πρεσβύτερος ἦν ἀπὸ τοῦ ἰδεῖν übersetzt. Nach meinem Dafürhalten dürfte die Vorlage von p. wohl auch ἀπὸ nicht gelesen haben, da ja p. gar oft den Comparativ in dieser Weise (מִן־דִל) ausdrückt (conf. Skat Rördam »Dissertatio de regulis Grammaticis quas secutus est Paulus Tellensis § 9, 2 pag. 14«.)]

  ἀπὸ τοῦ γήρους   ἀπὸ γήρους
5 ἡ γυνὴ Ἱεροβοάμ   γυνὴ τοῦ Ἱεροβοάμ
p. אנתתא דיורבעם = A.
  ὑπὲρ υἱοῦ   υἱοῦ

[καὶ ἐγένετο ἐν τῷ εἰσέρχεσθαι αὐτήν, καὶ αὕτη ἀπεξενοῦτο fehlt in p., was Field nicht anführt. Der Ausfall in p. bezw. ihrer Vorlage ist jedenfalls durch Homoeoteleuton zu erklären, da καὶ ἐγένετο nun folgt.]

6 εἰσερχομένης αὐτῆς   ebenso
p. ˰ αὐτῆς דעאלא = S.
7 μέσου τοῦ λαοῦ   ˰ τοῦ
8 ἀπὸ οἴκου   ἀπὸ τοῦ οἴκου
  τοῦ ποιῆσαι   ˰ τοῦ
  ἐκτός (סטר)   ἕκαστος

Für ἕκαστος (fehlerhaft) ist mit Field sicher ἐκτός nicht nach Grabe ἕκαστον zu lesen.

9 πάντας   παντός (fehlerhaft)
  ἑτέρους καί   ˰ καί
10 τοῦτο ἰδού   ˰ ἰδού
  πρὸς οἶκον   πρὸς σὲ εἰς οἶκον
  Ἱεροβοάμ καί   ˰ καί
  ἐπεχόμενον   ἐχόμενον
  ὀπίσω οἴκου (בתר p.)   ˰ ὀπίσω
11 τὸν τεθνηκότα   οἱ τεθνηκότες fehlerhaft
  καταφάγεται τὰ πετεινά καταφάγονται
           (fehlerhaft) τ. π.
12 ἐν τῷ εἰσέρχεσθαι πόδας σου πόδα

p. במעלתא דין דרגליכי, was Field übersetzt: ἐν δὲ τῇ εἰσελεύσει τῶν ποδῶν σου.

13 κύριος ἑαυτῷ F. A. p. = ἑαυτῷ (s. αὐτῷ) κύριος
(לה מריא = S.).

15 καὶ πλήξει κύριος   ⌢καί
  κινεῖται   κινιται (fehlerhaft)
  κάλαμος   ἄνεμος (mendose. Field)
  ἐκτιλεῖ (נתלוש)   ἐκτελεῖ (fehlerhaft)
16 δώσει   παραδώσει

(παραδώσει in A. ist Lesart des Σ., wie am Rande von p. verzeichnet ist ס ונשלם).

17 ἐπορεύθη καὶ εἰσῆλθεν   ἐπορεύθη
  εἰς τὴν Σαριρά   εἰς γῆν Σ.

γῆν in A. ist ein Fehler und zwar aus T. durch Wegfall des linken oberen Schlusses (Γ.) entstanden.

20 εἴκοσι καί   ⌢καί
  Ναδαβ (נדב)   Ναβατ fehlerhaft

22 ※ Ἰούδας✕ A. B. dagegen Ῥοβοάμ.

23 ※ Ἀ. Θ. καὶ αὐτοί✕.

26 ※ ὅσα ἐποίησε Σαλωμών✕.

31 ※ καὶ ὄνομα τῆς μητρὸς αὐτοῦ Νααμὰ ἡ Ἀμμανῖτις (A. Ἀμανῖτις)✕.

Cap. XV.

2 ※ Ἀ. Θ. ἐν Ἱερουσαλήμ✕.

4 ※ Ἀ. Σ. Θ. ἐν Ἱερουσαλήμ✕ (A. ἐν Ἰσραήλ durch falsche Auflösung der Abkürzung vielleicht).

4 ※ Θ. τὰ (τέκνα)✕.

5, 6 ※ Ἀ. ἐκτὸς ἐν ῥήματι Οὐρίου τοῦ Χετταίου. καὶ πόλεμος ἦν μεταξὺ (A. μετοξύ) Ῥοβοάμ καὶ μετα(A. ο)ξὺ Ἱεροβοὰμ πάσας τὰς ἡμέρας τῆς ζωῆς αὐτοῦ (A. αὐτῶν)✕.

18 ※ Ἀ. Θ. σύμπαν✕.

18 ※ Ἀ. ἐν τοῖς θησαυροῖς (Ἀ. τοῦ, was Field nicht anmerkt) οἴκου κυρίου καί(✕).

So liest Field und bemerkt: «Haec desunt in Codd. II...» In B. fehlt jedoch nur κυρίου καί nebst den darauffolgenden

Worten ἐν τοῖς θησαυροῖς οἴκου. Vielleicht ist in p. der Asteriskus an falsche Stelle geraten, so daſs zu lesen wäre ※ 'Α κυρίου καὶ ἐν τοῖς θησαυροῖς οἴκου(＜).

18 ※ αὐτούς＜. In B. steht αὐτούς, während es in A. nebst den vorhergehenden Worten καὶ ἐξαπέστειλεν fehlt, so daſs vielleicht, da αὐτοῦ vorhergeht, ein Homoeoteleuton vorliegt (conf. S. 35).

23 ※ πάντων(＜) ⸱A.

※ Θ. καὶ τὰς πόλεις, ἃς ᾠκοδόμησεν(＜).

(Field bemerkt irrtümlich, daſs diese Worte in A. fehlen.)

24 ※ 'Α. Θ. μετὰ τῶν πατέρων αὐτοῦ＜.

※ 'Α. Θ. (Α. τοῦ) πατρὸς αὐτοῦ＜.

(In p. L. fehlt ※, was Field für seine Handschrift nicht anmerkt.)

27 ※ 'Α. Θ. Βαασά(＜).

28 ※ 'Α. Σ. ἀντ' αὐτοῦ＜.

(Field bemerkt hierzu «Haec hodie desunt in Cod. XI solo, während es in B. auch fehlt.)

29 ※ 'Α. σύμπαντα＜ τὸν οἶκον.

Α. τὸν σύμπαντα οἶκον. p. לכלה ביתא א※.

30 ※ 'Α. ὃς ἥμαρτεν, καί＜.

32 ※ 'Α. καὶ πόλεμος ἦν μεταξὺ 'Ασὰ καὶ μεταξὺ Βαασὰ βασιλέως 'Ισραὴλ πάσας τὰς ἡμέρας αὐτῶν＜.

p. liest קרבא א ※ πόλεμος ⸱καί.

Cap. XVI.

7 ※ γε＜ (= p. ביתי＜) ⸱ A.

※ τοῦ προφήτου＜.

8 ※ Οἱ Γ'. ἐν ἔτει εἰκοστῷ καὶ ἕκτῳ ἔτει [A. liest ἐπί, wohl fehlerhaft; Pi in alter Uncialschrift kann leicht verwechselt werden mit TE] τοῦ 'Ασὰ βασιλέως 'Ιούδα＜.

10 ※ Ἀ. Σ. Θ. ἐν ἔτει εἰκοστῷ· καὶ ἑβδόμῳ [p. +ἐτῶν (דשנאי)] τοῦ Ἀσὰ βασιλέως Ἰούδα(<).

11, 12 ※ καὶ (͜ Α.) οὐχ ὑπέλιπεν (ὑπέλειπεν Α.) αὐτῷ οὐροῦντα πρὸς τοῖχον καὶ ἀγχιστεῖς (Α. ἀγχειστεῖς) αὐτοῦ, καὶ ἑταῖρον αὐτοῦ· καὶ ἐξέτριψεν Ζαμβρὶ ὅλον τὸν οἶκον Βαασά<.

13 ※ ἁμαρτιῶν<. ͜ Α.

ὃ ※ ἥμαρτε καὶ< ἐξήμαρτε.

Α. liest οὗ ἥμαρτον καὶ ὡς ἐξήμαρτε, während Field für Α. die Lesart anführt οὗ ἥμαρτον καὶ ἐξήμαρτον.

15 ※ Ἀ. Σ. Θ. ἐν ἔτει εἰκοστῷ καὶ ἑβδόμῳ (p.+ἐτῶν) τοῦ Ἀσὰ βασιλέως Ἰούδα<.

19 ※ αἷς ἐποίησεν<.

21 ※ εἰς μέρη<. ͜ Α.

23 ※ ἔτει<.

27 ※ Ἀ. ἣν ἐποίησεν(<).

29 ※ ἐν ἔτει τριακοστῷ καὶ ὀγδόῳ τοῦ Ἀσὰ βασιλέως Ἰούδα· βασιλεύσας δὲ Ἀχαὰβ υἱὸς Ἀμβρὶ (Α. Ζαμβρὶ M. עמרי) ἐπὶ Ἰσραήλ<.

Cap. XVII.

5 ※ Ἀ. καὶ ἐπορεύθη<.

※ Ἀ. Σ. Θ. καὶ ἐπορεύθη<.

(καὶ ἐπορεύθη fehlt in A., aber nebst den vorhergehenden Worten Ἠλιοὺ κατὰ τὸ ῥῆμα κυρίου, vor denen καὶ ἐπορεύθη καὶ ἐποίησεν stand; vielleicht liegt ein Homoeoteleuton vor.) (conf. S. 35.)

6 ※ Ἀ. Σ. Θ. ἄρτους< καὶ κρέα (A. κρέας) τὸ πρωΐ καὶ ※ Ἀ. Σ. ἄρτους(<) (A. ἄρτον) καὶ κρέα (A. κρέας) τὸ δείλης [p. setzt ※ Ἀ. Σ. nach πρωΐ (אם ולהמנא ※), was Field nicht anführt].

Da in B. die Lesart ἄρτους τὸ πρωΐ καὶ κρέα τὸ δείλης lautet, so läfst sich an der Richtigkeit der Stellung der Zeichen zweifeln; vielleicht wäre es richtiger, sie zu καὶ κρέα(ς) und zu ἄρτους καί zu setzen.

8 ※ λέγων<.

9 ※ 'Α. καὶ καθήσῃ ἐκεῖ‹.
12 (※) αὐτό‹.
14 ※ ὁ θεὸς Ἰσραήλ‹.
※ 'Α. Σ. Θ. προσώπου‹.
15 ※ κατὰ τὸ ῥῆμα Ἡλιού‹.
※ Σ. Θ. καὶ ἀπὸ τῆς ἡμέρας ταύτης‹.
17 ※ 'Α. Θ. τὰ ῥήματα‹.
22, 23 ※ 'Α. καὶ ἤκουσεν κύριος ἐν φωνῇ Ἡλίου (Ἡλια Α.) καὶ ἐπεστράφη (ἀπεστράφη) ἡ ψυχὴ τοῦ παιδαρίου πρὸς ἔγκατον αὐτοῦ (Α. αὐτός fehlerhaft) καὶ ἔζησεν· καὶ ἔλαβεν Ἡλίου τὸ παιδάριον‹.
24 ※ 'Α. Σ. Θ. τοῦτο‹.

Cap. XVIII.

7 ※ καὶ ἔγνω αὐτόν‹. ˰ Α.
10 ※ ἐκεῖ‹. ˰ Α.
11 ※ ἰδοὺ Ἡλιού‹ (Ἡλειού Α.).
12 ※ 'Α. Θ. καὶ οὐχ εὑρήσει σε‹.
(Α. liest fehlerhaft für σε — σαι.)
13 ※ 'Α. Θ. πεντήκοντα ἄνδρας(‹).
In A. fehlt πεντήκοντα, vielleicht weil dasselbe Wort vorhergeht.
※ 'Α. Σ. Ο. αὐτούς‹.
19 ※ 'Α. τοῦ Βάαλ τετρακοσίους καὶ (Α.· ˰ καὶ) πεντήκοντα, καὶ τοὺς (Α. ˰ τοὺς) προφήτας‹.
21 ※ 'Α. Σ. τὸν λαόν‹. Vorher hat A. = p. πάντα, während B. πάντας liest.
(※) 'Α. Σ. Θ. αὐτῷ‹ ὁ λαός.
(Α. liest ὁ λαὸς αὐτῷ.)
23 ※ 'Α. καὶ δώσω ἐπὶ τὰ ξύλα‹.
26 ※ 'Α. Θ. ὃν ἔδωκεν αὐτοῖς‹.
28 ※ 'Α. κατὰ τὸ κρίμα αὐτῶν‹.
30 ※ πάντα‹ ˰ Α.
32 ※ ἐν ὀνόματι κυρίου(‹).
(So l. auch B.)

36 ※ ’Α. Θ. καὶ ἐγένετο κατὰ ἀνάβασιν τοῦ δώρου ⟨
Α. l. fehlerhaft für τοῦ δώρου — τὸ ὕδωρ.
39 ※ Σ. Θ. καὶ εἶδεν ⟨ (Α. εἶδαν) κύριος ※ ’Α. Σ. αὐτός ⟨ ἐστιν ὁ θεὸς ※ κύριος ⟨ αὐτός (※) ἐστιν ⟨ ὁ θεός.
In A. steht nur einmal κύριος αὐτός ἐστιν ὁ θεός.
43 ※ ’Α. καὶ ἀνέβη ⟨.
46 ※ Σ. ἐγένετο ⟨.
※ ἕως (A. ˄ ἕως) τοῦ ἐλθεῖν ⟨.

Cap. XIX.

2 ※ ’Α. Σ. ἄγγελον ⟨.
8 ※ καὶ ἀνέστη ⟨ (so auch B.).
※ τοῦ θεοῦ ⟨.
11 ※ Ὁ Ἑβραῖος· ἐν τῷ ὄρει ⟨ ἐνώπιον κυρίου.
B. l. auch ἐν τῷ ὄρει aber ἐνώπιον κυρίου vorher.
15 (※) καὶ ἥξεις ⟨. B. l. es ebenfalls.
20 ※ καὶ τὴν μητέρα μου (⟨). ˄ Α.
(Der Ausfall vielleicht durch Homoeoteleuton erklärlich, da vorher μου steht conf. S. 36.)

Cap. XX (B. XXI).

2 ※ ’Α. Σ. ἀγγέλους ⟨.
3 ※ τὰ καλά ⟨.
4 ※ ’Α. Σ. Θ. μου ⟨. (Field merkt das Fehlen in B. nicht an. In Ed. Sixtina steht μου.)
7 ※ ’Α. Σ. τῆς γῆς ⟨.
8 ※ πάντες (⟨). ˄ Α.
9 ※ Οἱ Γ'. τῷ βασιλεῖ ⟨.
11 ※ καὶ εἶπεν ⟨. ˄ Α. während B. es hat.
15 ※ καὶ δύο ⟨. (Α. ˄ καί.)
(※) ’Α. σὺν πάντα (⟨). (Α. σύμπαντα.)
22 ※ αὐτῷ ⟨.
27 ※ ’Α. Σ. καὶ διῳκήθησαν ⟨. (Α. διοικήθησαν.)
※ Σ. οἱ υἱοί (⟨).
29 ※ οἱ υἱοί ⟨. ˄ Α.
31 ※ ’Α. Σ. οἴκου ⟨.

35 ※ ὁ ἄνθρωπος◁ πατάξαι αὐτόν.
B. 1. πατάξαι ὁ ἄνθρωπος αὐτόν.
43 ※ 'Α. πρὸς οἶκον αὐτοῦ◁.

Cap. XXI (B XX.).

1 ※ 'Α. καὶ ἐγένετο μετὰ τὰ ῥήματα ταῦτα◁.
2 ※ ἀντ' αὐτοῦ(◁). ⁀ Α.
※ τούτου◁ so l. auch B.
8 ※ 'Α. Θ. πρός◁.
※ οἳ ἐν τῇ πόλει αὐτοῦ(◁).
10—13 ἐξ ἐναντίας αὐτοῦ καὶ καταμαρτυρησάτωσαν αὐτοῦ λέγοντες· ※ Θ εὐλόγηκας (Α. ηὐλόγησεν) θεὸν καὶ βασιλέα· καὶ ἐξαγαγέτωσαν αὐτὸν καὶ λιθοβολησάτωσαν αὐτόν· καὶ ἀποθανέτω· καὶ ἐποίησαν οἱ ἄνδρες πόλεως αὐτοῦ οἱ πρεσβύτεροι καὶ οἱ ἐλεύθεροι οἱ καθήμενοι ἐν πόλει αὐτοῦ καθὰ ἀπέστειλεν πρὸς αὐτοὺς Ἰεζάβελ. καθὰ γέγραπται ἐν τοῖς βιβλίοις οἷς ἀπέστειλεν πρὸς αὐτούς· ἐκάλεσαν (Α. ἐκάλεσεν) νηστίαν· καὶ ἐκάθισαν τὸν Ναβουθαὶ ἐν κεφαλῇ τοῦ λαοῦ καὶ ἦλθον δύο ἄνδρες παράνομοι (so übersetzt Field עברי על נמוסא in p. mit der Bemerkung invitis libris Graecis, während A. οἱ υἱοὶ παρανόμων liest) καὶ ἐκάθισαν ἐξ ἐναντίας αὐτοῦ καὶ κατεμαρτύρησαν αὐτοῦ (Α. ⁀ αὐτοῦ) ἄνδρες τῆς ἀποστασίας τοῦ Ναβουθαὶ κατέναντι τοῦ λαοῦ λέγοντες(◁).

B. liest nur καὶ ἐκάθισαν ἐξ ἐναντίας αὐτοῦ καὶ κατεμαρτύρησαν αὐτοῦ λέγοντες.

15 ※ ὅτι λελιθοβόληται Ναβουθαὶ καὶ ἀπέθανεν◁.
15 ※ 'Α. Σ. Θ. Ἰεζάβελ◁.
27 ※ 'Α. Θ. κεκλιμένος◁.
29 ※ ἀνθ' ὧν ἐθορυβήθη ἀπὸ προσώπου μου◁. (⁀ Α. vielleicht infolge eines Homoeoteleuton, da ἀπὸ προσώπου μου vorhergeht.) (conf. S. 36.)
※ ἀλλ'(◁) ἐν ταῖς ἡμέραις. A. und B. lesen καὶ ἐν ταῖς ἡμέραις.

Cap. XXII.

4 (※) Ἀ. Θ. πρὸς βασιλέα Ἰσραήλ✓.
15 ※ Ἀ. Θ. πρὸς αὐτόν✓.
※ Ἀ. Θ. καὶ δώσει✓.
24 ※ Ἀ. Θ. τοῦτο✓.
πνεῦμα κυρίου ※ Ἀ. Θ. παρῆλθεν✓.
(A. stellt παρῆλθεν vor πνεῦμα κυρίου.)
24 ※ Ἀ. παρ' ἐμοῦ✓.
28 ※ Σ. Θ. καὶ εἶπεν· ἀκούσατε, λαοὶ πάντες✓.
36 ※ Ἀ. Θ. ἐν τῇ παρεμβολῇ✓.
38 ※ Ὁ Ἑβραῖος (s. Οἱ Γ.) αὐτοῦ✓.
46 ※ καὶ ὅσα ἐπολέμησεν✓.
47—50¹) ※ Ἀ. καὶ περισσὸν τοῦ ἐνδιηλλαγμένου ὃ (A. fehlerhaft οὐχ f. ὅ) ὑπελείφθη ἐν ἡμέραις Ἀσὰ πατρὸς αὐτοῦ, ἐπέλεξεν ἀπὸ τῆς γῆς. (48) καὶ βασιλεὺς οὐκ ἦν ἐν Ἐδὼμ ἐστηλωμένος· καὶ ὁ βασιλεὺς (49) Ἰωσαφὰτ ἐποίησεν νῆας Θαρσεὶς (A. ₍ₐ₎ Θαρσείς) τοῦ πορευθῆναι Ὠφείρδε εἰς χρυσίον· καὶ οὐκ ἐπορεύθησαν, ὅτι συνετρίβησαν νῆες ἐν Ἀσέων Γάβερ. (50) τότε εἶπεν Ὀχοζίας υἱὸς Ἀχαὰβ πρὸς Ἰωσαφάτ. πορευθήτωσαν (A. πορευθέτωσαν) δοῦλοί μου (A. σου) μετὰ τῶν δούλων σου (A. μου) (+ καὶ A. p.) ἐν (₍ₐ₎ A.) ταῖς ναυσίν. καὶ οὐκ ἠθέλησεν Ἰωσαφάτ✓.

Der Thatbestand, den vorstehende Untersuchung ergiebt, ist nun folgender. Die Zahl der von Origenes in III. Regum mit dem Asteriskus versehenen und durch p. bezeugten Lesarten beträgt 259 (falls man einerseits die 2 in p. am Rande verzeichneten Lesarten (Cap. IX, 13 und X, 15) nicht mitrechnet und andererseits Fälle, wie IX, 23—25, XIV, 1—20, XX (B. XXI), 10—13, XXII, 47—50 nur einmal zählt. Von diesen 259 hexaplarischen Lesarten fehlen in A. 36 oder (wenn man die 2 Fälle [V, 6 (20)

---

¹) Für B. conf. XVI, 28 d—g, wo 47—50 in veränderter Gestalt erscheinen.

und XI, 31], wo eine Verderbnis vorzuliegen scheint und die 9 Stellen [X, 29 (B. 33), XI, 20, XIII, 16, XV, 18, XVII, 5, XVIII, 39 (2 Lesarten), XIX, 20, XXI, 29], wo Lücken durch Homoeoteleuton veranlafst sind, nicht mitzählt) nur 25. (Cap. I, 2. 17. 40. 47. II, 3. 26. 29. III, 26. IV, 1. V, 18 (32). IX, 9. XII, 27. XIII, 11. 32. XV, 23. XVI, 7. 13. 21. XVIII, 7. 10. 30. XX (B. XXI), 8. 11. 29. XXI (B. XX), 2.). Im Gegensatz zu A. hat B. von den 259 hexaplarischen Lesarten nur 13 aufgenommen. (Cap. V, 6 (20). 9 (23). IX, 4. XI, 31. XII, 16. 28. XV, 18. XVIII, 32. XIX, 11. 15. XX (B. XXI), 11. 35. XXI (B. XX), 2), von denen 3 [XV, 18. (Homoeoteleuton), XX, 11. XXI, (B. XX), 2.] in A. fehlen. In 4 Fällen ist es zweifelhaft und läfst sich mit Sicherheit nicht entscheiden, ob die in A. und B. übereinstimmenden Lesarten (Cap. VII, 6. X, 22. XIV, 22. XXI (B. XX), 29 b) identisch sind mit den in p. mit ※ versehenen. Zählen wir sie hinzu, dann würden in B. 17 vorhanden sein, halten wir sie dagegen nicht für hexaplarisch, dann würden in A. nicht 25 (bzw. 36), sondern 29 (bzw. 40) fehlen. Bei der überaus grofsen Anzahl hexaplarischer, durch den Asteriskus bezeugter Lesarten, die in der Gestalt einzelner Worte, Sätze und längerer Stücke in A. auftreten und, beiläufig sei es bemerkt, von Origines, wie wir aus p. ersehen, nicht wie in anderen Büchern der Uebersetzung Theodotion's, sondern der Aquila's (mit nur geringen Ausnahmen) entnommen sind (conf. Dillmann: «Ueber die griechische Uebersetzung des Qoheleth» in den Sitzungsberichten der Kön. Pr. Akademie der Wissenschaften zu Berlin vom 7. Januar 1892 pag. 11. 14, wo ein ähnliches Verhältnis für Q. angegeben ist und Field I. pag. LXIII. für Jerem. 10, 6 — 10), besagen für die Annahme der Identität von A. mit der 5. Columne der Hexapla die Ausnahmefälle, die ja zumeist nur einzelne Worte betreffen, ebensowenig wie das Auftreten der wenigen hexaplarischen Lesarten in B. gegen die These spricht, dafs die letztere Handschrift »cum grano salis« die Vorlage der Hexapla sein dürfte. Weist doch B. überall sonst, wo des Origenes Einschübe in A. sich finden, Lücken auf. Wir könnten eher an der richtigen Ueberlieferung der Zeichen an den Stellen, wo in B. die Ausnahmefälle auftreten, zweifeln, zumal da bei einigen die Ueberlieferung mangelhaft ist, und p. als einziger Zeuge für die hexaplarische Rezension auftritt. (Hier fühlen wir so recht, welchen Wert die koptische Uebersetzung für uns hätte haben können.)

II. Die in p. von hexaplarischen Zeichen freie Textgestalt.

Der besseren Uebersicht wegen unterscheiden wir nun im Verlaufe der folgenden Untersuchung die Abweichungen in B. von A. (bzw. von p. und M.) a) bezüglich der äufseren Textgestalt d. h. der Zusätze und Aufeinanderfolge von Kapiteln und Versen; b) bezüglich der Wortstellung, der Auslassungen und sonstigen differierenden Lesarten mit Ausnahme der Eigennamen; c) bezüglich der Eigennamen. Während nun für Teil a) nur eine Aufzählung der Differenzen zwischen B. und M. nötig ist, da A. und p. (mit Ausnahme eines Zusatzes nach Cap. II, 35., den sie mit B. gegen M. gemeinsam aufweisen) gleichmäfsig mit M. übereinstimmen, erfordert Teil b) und c) eine eingehendere Behandlung. Da Field nämlich die ohne Zeichen in p. vorhandenen, von Origenes herstammenden Lesarten nur fragmentarisch anführt, so soll für diese die Vergleichung von Kapitel zu Kapitel gehend, in der Weise erfolgen, dafs der Text von M., B., A. und p. und erforderlichen Falls auch der von M. berücksichtigt wird. Die Eigennamen werden gesondert behandelt werden, da bei ihnen neben p. auch S. berücksichtigt werden soll, um das Verhältnis der Abhängigkeit, in welchem p. zu S. gar oft steht, gleichzeitig zu konstatieren und hierin die Erklärung für häufig vorkommende Differenzen zwischen p. und A. bezüglich der Wiedergabe der hebräischen Eigennamen zu finden.

a) Aeufsere Textgestalt.

Die überaus grofsen Abweichungen der Septuaginta (Ed. Romana) vom masoretischen Text bezüglich der äufseren Textgestalt hat bereits Montfaucon pag. 45 der Praeliminaria in Hexapla Origenis, da er vom Codex Coislinianus spricht, mit den Worten angedeutet: «In libro tertio Regum divisio in capita perplexa admodum, liber magna sui parte mutilus est; ita ut etiam totus liber quartus desideretur». In der Praefatio ad I.—IV. Regum B. II. der Septuaginta-Ausgabe von Holmes-Parsons finden sich hinwiderum die Worte: «Quantum discrepet libri tertii textus in editione Romana (cui tamen adstipulatur major pars codicum) a textu Hebraeo et quae eum sequuntur editionibus et versionibus, non solum capitum versuumque ordine mutato, sed integris etiam periodis interpolatis et transpositis; lectoribus, ut opinor, satis notum est. Ergo ut evitentur incommoda, quae ex tanta exemplarium discrepantia, et praesertim ex perturbata narrationis serie exoriri potuissent, commata quaedam in textum nostrum transferre visum est, vel a notis ipsius Editionis Romanae, vel ab Editione Alexandrina compilata». Herzfeld hat nun in seiner Geschichte des Volkes Jisrael Bd. II, Nordhausen 1857, pag. 529 f. die Differenzen in G. fast vollständig aufgezählt und pag. 470 folgendermafsen beurteilt: «Das I. Buch der Könige enthält in vielen, zum Teil längeren Stellen statt einer Uebersetzung geradezu eine Bearbeitung, welche danach, dafs sie vielfach andere Aufeinanderfolge und gelegentlich sogar Neues hat, einst selbständig gewesen sein mufs.« Eine eingehendere Untersuchung dieser abweichenden Textgestaltung der Alexandriner zum Zwecke der Feststellung der Bedeutung, welche die LXX für die Kompositionskritik und die Geschichte des Kanons wohl hat (wie Nestle es gelegentlich seiner Besprechung der Schrift Hollenberg's «der Charakter der alexandrinischen Uebersetzung des Buches Josua, Moers 1876» i. d. Th. L. Z., Jahrg. 1876, pag. 459, gewünscht hat) ist hier nicht am Platze; teilweise ist sie auch bereits vorgenommen worden (conf. Thenius i. s. Commentar pag. XXVIII—XXX der Einleitung und an den betreff. Stellen; Bleek-Wellhausen Einleitung in das Alte Testament IV. Aufl. Berlin 1878, pag. 231—53; Kuenen, Historisch kritische Einleit. in die Bücher des Alt. Testam. Autorisirte deutsche Ausg. v. Weber I, 2, Leipzig 1890, pag. 97)[1]). Trotzdem nun neben Herzfeld auch Kuenen sich bemüht, a. a. O. die Differenzen zwischen B. und M. aufzuzählen, ist es doch erforderlich, dies nochmals zu thun, da beide (K. u. H.) der Ergänzung bedürfen.

α) Zusätze.

An drei Stellen finden sich in B. mitten im Text längere Abschnitte, deren Bestandteile nur ganz vereinzelt und spärlich Neues bietend, früheren oder späteren Teilen des masoretischen Textes entsprechen, die an den betreffenden Stellen in B. teils fehlen, teils ebenfalls mit gröfseren oder geringeren Abweichungen übersetzt sind.

I. Der Abschnitt zwischen Cap. II, 35 und 36 (Sw. 35a—o) ist zusammengesetzt aus (M.) V, 9. 10; III, 1b; VI, 38b; V, 29.; Zusatz 35e; IX, 24. 25. 23 (bzw. V, 30). IX, 17 (bzw. 15). 15a; nach den einleitenden Worten καὶ ἐν τῷ ἔτι Δαυεὶδ ζῇν ἐνετείλατο τῷ Σαλωμὼν λέγων II, 8. 9.

---

[1]) Neuerdings erschien R. Kittel, Geschichte der Hebräer, 2. Halbband: Quellenkunde und Geschichte der Zeit bis zum Babylonischen Exil. Gotha (F. A. Perthes) 1892, worin diese Fragen eingehend behandelt und auch die Differenzen zwischen G. und M. spez. für Cap. 1—11 pag. 46 f. berücksichtigt werden.

II. Zwischen II, 46a und III, 2 (46b und III, 1 fehlen) lesen wir (Sw. 46a—1) nach den einleitenden Worten καὶ ἦν ὁ βασιλεὺς Σαλωμὼν φρόνιμος σφόδρα καὶ σοφός IV, 20; V, 1 (mit Weglassung der 2. Hälfte von a); nach den Worten καὶ Σαλωμὼν ἤρξατο ἀνοίγειν τὰ δυναστεύματα τοῦ Λιβάνου IX, 18 teilweise; V, 2. 3. 4. 5; IV, 2—6 (abgekürzt und durcheinandergemengt); V, 6. V, 1a.

III. Der Abschnitt zwischen XII, 24 und 25 (Sw. 24a—z) entspricht mit nicht unerheblichen Differenzen (conf. L. v. Ranke, Weltgeschichte III, 2, Leipzig 1883, pag. 4—12, Zur alttestamentlichen Litteratur. 1. Eine Ergänzung der Bücher der Könige aus der alexandrinischen Üebersetzung) in M. XI, 43; XIV, 21. 22a; XI, 26. 28b. 27b. 40. 21. 19b. 20. 22b. 43 Zusatz; XIV, 1—17; XI, 29—31; XII, 3—24.

Nur der erste dieser Zusätze findet sich in A. und auch in p. (mit dem Obelus versehen), was jedenfalls für die enge Verwandtschaft zwischen A. und p. recht bezeichnend ist. Warum hat nun aber, so kann man fragen, Origenes die zwei anderen Zusätze nicht mit dem Obelus stehen lassen, wenn B. seine Vorlage gewesen ist. Nehmen wir nun auch der Ansicht Ranke's entsprechend (der pag. 12 a. a. O. sagt: »Man könnte auch vermuthen, wohin die Ansicht meines Bruders Ernst Ranke geht, dafs an den Rand der Bücher, welche häufig auf andere Texte verweisen, Stellen aus eben diesen Texten und zugleich weitere, auf die Sache bezügliche Auszüge aus denselben beigeschrieben gewesen seien«) an, dafs die Zusätze in der Vorlage des Origenes nicht im Texte selbst, sondern am Rande ihre Stelle hatten und deshalb von ihm nicht aufgenommen worden sind, so bleibt doch schwierig, warum der erste eine Ausnahme bilden sollte. Doch dürfte wohl diese Schwierigkeit nicht so bedeutend sein, um unsere Annahme, dafs B. die Vorlage für Origenes sei, umzustofsen, zumal, da sie durch den sonstigen Stand der

Dinge so sehr gestützt wird. Aufserdem hatte ja bekanntlich Origenes mehrere Texte als Vorlagen und mufs sich nicht ausschliefslich nach dem in B. uns überlieferten gerichtet haben.

β) **Verschiebungen und Umstellungen von Capiteln, Versen und Versteilen, Auslassungen und Doppelübersetzungen.**

Cap. IV, 17—V, 14 (M. p. A.) (= B. (Sw.) IV, 17—33) tritt in B. in folgender Gestalt auf: Cap. IV, 18. 19. 17 (IV, 20, V, 1. 5. 6 fehlen), V, 7. 8. 2—4, V, 9—14, III, 1, IX, 16. 17 (schliefst sich an).

Cap. V, 30 — VII, 51. M. A. (p. reicht nur — VII, 14 dann Defekt — VIII, 61) (Sw. Cap. V, 16. 17; VI,1—34; VII, 1—50;) bietet in B. folgende Aufeinanderfolge: V, 30. 32b. VI, 1. V, 31. 32a.; VI, 37. 38. 2. 3. 14. 4—10 (11—13 fehlen). 15. 16. 17—19 (in einen Vers zusammengezogen), 20—31a (31b—33b fehlen). 34—36. VII, 12b. VII, 13—18. 21. 19. 20. (22 fehlt) 23. 24. 26. 25. 27—30. (31 fehlt) 32—45. 47. 46. 48—51. 1a. 2—12a. 1b.

Cap. IX, 15—22 ist nach X, 22 verschoben (Sw. X, 23—25). IX, 23—25 fehlt.

Cap. XI, 1—8 zeigt sich in B. in folg. Gestalt 1a. 3a. 1b. 2. 4a. 4b. 4a₂. 7. 8. 6. (3b und 5 fehlen). Zu bemerken ist, dafs in Swete's Ausgabe die Bezeichnung 4 (3) fehlerhaft für 4 (4a) gesetzt ist, ebenso 6 (5) für 6 (7b) wie p. mit dem Obelus bezeugt. 4b ist in B. nochmals nach 10 wiederholt. Zwischen 14a und b ist 23a (2te Hälfte) eingeschoben und fehlt an seiner Stelle:

38b (Schlufs) und 39 fehlen in B.

Zwischen 43a und b ist XII, 2 eingeschoben und fehlt an der betreff. Stelle:

XIV, 1—20 fehlt (conf. Zusatz 3).

Zwischen XVI, 28 und 29 steht XXII, 41—51 in veränderter Gestalt; 47—90 fehlt an der eigentlichen Stelle.

Cap. XXIII, 30 b ist zwischen 32 a und b eingeschoben und fehlt an der eigenen Stelle in B.

Cap. XX ist in B. nach XXI gestellt

Die vielen sonstigen Auslassungen hier anzuführen ist nicht erforderlich, da sie aus den anderen Abschnitten deutlich zu ersehen sind. — Bei dieser gewaltigen Verschiedenheit zwischen B. und M. hatte Origenes gar viel zu thun, um den griechischen Text dem hebräischen conform zu machen. Montfaucon sagt bereits hierüber (pag. 37 s. Praeliminaria): «In libris Regum instaurandis Origenis nostri desudavit industria; in his enim multa loca emendatione opus habebant, maxime autem libri III ubi historiae non paucae suis erectae peregrinis in locis versabantur.» Ausführlich spricht über diese Thätigkeit des Origenes, die er überall aufser im Buche der Proverbien (conf. Field Prolegomena pag. LIV) stillschweigend ausübte, Field Prol. pag. LX. — Wenn daher die vollständige Uebereinstimmung zwischen M. p. und A. bezüglich der Anordnung der äufseren Textgestalt für die gemeinschaftliche Rezension in A. und p. spricht, so ist hinwiderum die grofse Verschiedenheit in B. kein Grund gegen die Annahme, dafs letztere Handschrift »cum grano salis« die Vorlage des Origenes gewesen.

Berichtigungen.

pag. 4 Z. 8 v. o. und pag. 12 Z. 2, 6 v. o. lies Si für S.
„ 4 „ 10 v. o. lies S. für P.
„ 28 „ 2 v. u. „ S. für γ
„ 36 „ 6 v. u. ist 20 zu streichen.
„ 37 „ 4 v. o. sind die Worte „B .... Sixtina" zu streichen.
„ 60 „ 9 v. u. lies Lamed vor Vav.
„ 62 „ 13 v. o. „ Schaftes für Schlusses.
„ 69 „ 12 v. u. „ Origenes für Origines.
„ 70 „ 5 v. u. ist M zu streichen.

Andere geringfügige Versehen wird der frdl. Leser leicht selbst verbessern.